就地热再生沥青路面关键技术研究与应用

李 刚 仰建岗 徐 霖 ◎著

JIUDI REZAISHENG LIQING LUMIAN
GUANJIAN JISHU YANJIU YU YINGYONG

人民交通出版社

北京

内 容 提 要

全书共包括7章，主要内容有绪论、沥青路面就地热再生技术、就地热再生技术对沥青路面典型病害的治理、就地热再生沥青混合料材料组成设计关键技术、沥青路面就地热再生施工工艺、就地热再生施工质量控制关键技术、工程实践。

本书可供相关科研人员、工程技术人员参考阅读。

图书在版编目(CIP)数据

就地热再生沥青路面关键技术研究与应用/李刚，仰建岗，徐霖著.—北京：人民交通出版社股份有限公司,2024.12.—ISBN 978-7-114-20108-0

Ⅰ.U416.217

中国国家版本馆CIP数据核字第2025PU1967号

书 名：	就地热再生沥青路面关键技术研究与应用
著 作 者：	李 刚 仰建岗 徐 霖
责任编辑：	李 良
责任校对：	龙 雪
责任印制：	刘高彤
出版发行：	人民交通出版社
地 址：	(100011)北京市朝阳区安定门外外馆斜街3号
网 址：	http://www.ccpcl.com.cn
销售电话：	(010)85285911
总 经 销：	人民交通出版社发行部
经 销：	各地新华书店
印 刷：	北京建宏印刷有限公司
开 本：	787×1092 1/16
印 张：	10
字 数：	212千
版 次：	2024年12月 第1版
印 次：	2024年12月 第1次印刷
书 号：	ISBN 978-7-114-20108-0
定 价：	69.00元

(有印刷、装订质量问题的图书，由本社负责调换)

前言
PREFACE

随着我国交通运输行业的快速发展,道路建设和养护领域面临着前所未有的挑战。近年来,我国公路总里程不断增加,高速公路的建设规模不断扩大,路网逐步完善,为经济社会的持续增长提供了坚实的基础。然而,随之而来的旧沥青路面维护和改造需求也日益增长。面对资源的紧张、环境保护的要求,以及公路养护经费的制约,传统的沥青路面养护方式逐渐暴露出其局限性。在这种背景下,如何在保证路面质量和行车舒适度的前提下,降低成本、节约资源、减少环境污染已成为道路建设与养护领域亟待解决的难题。就地热再生技术作为一种兼具环保和经济效益的沥青路面再生技术,得到了广泛的关注和应用。

就地热再生技术能够完全利用原路面沥青混合料,采用专用的就地热再生设备,通过现场加热、铣刨,就地掺入一定比例的新沥青、新沥青混合料、再生剂等材料,经过现场拌和、摊铺、碾压形成再生沥青路面。该技术施工效率高,符合环保、绿色发展的要求。20余年间,就地热再生技术在江西省高速公路养护工程中累计应用超过200万 m^2,虽取得了良好的应用效果,但还是发现开放性的施工环境使就地热再生技术的施工质量波动显著,而原路面沥青混合料材料组成的不确定性又进一步降低了业内推广应用就地热再生技术的信心。因此,就地热再生技术在沥青路面养护过程中规模化应用充满挑战,无论从再生沥青混合料材料组成设计,还是就地热再生现场施工,都有较大的难度。

本书结合就地热再生技术应用过程中面临的重难点问题,总结就地热再生技术在江西省高速公路养护工程中的应用经验,针对就地热再生沥青路面关键技术进行了详细阐述。

本书由江西省交投集团南昌东管理中心李刚正高级工程师、华东交通大学仰建岗教授、江西交投海通公路养护有限公司徐霖高级工程师撰写。在撰写的过程中吸收了就地热再生技术在南昌东管理中心管养路段中的应用成果及课题组的研究成果，并借鉴了国内外相关先进的研究成果。本书的撰写也要感谢华东交通大学高杰副教授、余地博士、周健博士、许竞博士、姚玉权博士和硕士研究生范鹏、涂鹏程等。江西省交投集团南昌东管理中心蒋文文、冯冬林、吴文强、李钊工程师及江西交投海通公路养护有限公司曹开颜工程师等养护项目的施工人员也为本书的撰写作出了贡献。此外，本书在撰写过程中也得到了诸多研究人员和建设与养护单位的大力支持和帮助，一并表示衷心感谢。

限于作者水平，书中难免存在疏漏和不妥之处，敬请各位专家、同行批评指正。

著 者

2024 年 10 月

目录

第1章 绪论 / 1

1.1 概述 / 1
1.2 沥青路面再生技术分类 / 2
1.3 沥青路面再生技术应用概况 / 5
1.4 沥青路面再生利用的意义 / 9

第2章 沥青路面就地热再生技术 / 11

2.1 概述 / 11
2.2 就地热再生技术的设备组成 / 12
2.3 就地热再生技术的工艺分类 / 21
2.4 沥青路面就地热再生技术的适用条件 / 24
2.5 本章小结 / 25

第3章 就地热再生技术对沥青路面典型病害的治理 / 27

3.1 概述 / 27
3.2 沥青路面典型病害类型与成因分析 / 28
3.3 就地热再生工艺治理沥青路面典型病害的方法与措施 / 35
3.4 本章小结 / 42

第4章 就地热再生沥青混合料材料组成设计关键技术 / 43

4.1 概述 / 43

4.2 就地热再生工艺设计流程 / 44
4.3 沥青路面技术状况评价与分析 / 49
4.4 沥青再生剂用量分析 / 54
4.5 外加新沥青用量分析与计算 / 57
4.6 就地热再生沥青混合料配合比设计关键技术 / 59
4.7 就地热再生沥青混合料配合比设计案例 / 69
4.8 本章小结 / 79

第5章 沥青路面就地热再生施工工艺 / 81

5.1 概述 / 81
5.2 就地热再生施工工艺流程 / 82
5.3 施工准备阶段 / 83
5.4 工程实施阶段 / 89
5.5 工程验收阶段 / 96
5.6 投入运营阶段 / 97
5.7 本章小结 / 98

第6章 就地热再生施工质量控制关键技术 / 99

6.1 概述 / 99
6.2 就地热再生施工质量管理流程 / 100
6.3 加热温度均匀性控制 / 102
6.4 再生沥青混合料材料组成控制 / 109
6.5 再生沥青混合料碾压均匀性控制 / 114
6.6 其他控制要求 / 117
6.7 本章小结 / 119

第7章 工程实践 / 120

7.1 工程案例一 / 120
7.2 工程案例二 / 128
7.3 工程案例三 / 137

参考文献 / 153

第1章 绪论

1.1 概述

21世纪以来,我国公路基础设施建设取得了举世瞩目的成就。截至2023年底,我国公路通车总里程达到543.68万km,其中高速公路通车里程达到18.36万km。沥青路面由于具有平整度好、行车舒适性高、维修便捷等特点,在国内外得到了广泛应用,是我国高等级路面采用的主导类型,占比达90%以上。随着我国交通运输业的发展,道路建成通车后,每年度的当量轴载作用次数显著增加,这导致路面使用寿命逐年衰减,进而使得每年的路面养护任务非常繁重。2015年以来,我国沥青路面建设重点已经从以建设为主发展到建养并重,乃至以养护为主的阶段,每年需要进行大中修养护的沥青路段将占总里程的5%。如此庞大的养护任务量,导致养护过程中需消耗大量的不可再生资源,同时还面临着养护资金短缺的问题,预计养护资金缺口可能达到50%。

为应对全球气候变暖的挑战,我国于2020年9月提出了"双碳"目标,以达到节能减排的目的。从节能减排的行业布局来看,交通运输行业是碳排放的重要来源之一,而公路建设和养护阶段更是碳排放的重要环节。因此,有必要控制公路建设和养护阶段的碳排放,以响应国家节能减排的号召。如何降低公路建设和养护过程中的碳排放成为热点问题。据调研,公路建设和养护过程中会消耗大量的不可再生资源,这些资源的利用伴随着大量的碳排放。此外,传统公路养护过程中还会产生大量的废旧路面材料,这些材料的堆放不仅需要占用大量的土地资源,还会对地下水资源造成污染,极大地浪费了废旧路面材料的潜在价值。

随着我国对节能环保的要求越来越严格,沥青路面养护技术的发展以及人民群众的环保意识的提高,路面养护过程中产生的大量废旧路面材料的处理及其再生利用问题得到了广泛关注。在路面再生技术应用方面,我国总结了五种类型,分别为厂拌热再生、就地热再生、厂拌冷再生、就地冷再生以及全深式冷再生。沥青路面的再生利用主要采用厂拌热再生技术以及就地热再生技术。与厂拌热再生技术相比,就地热再生技术能够完全利用原路面废旧沥青混合料,具有施工速度快、交通影响小等优点,在我国沥青路面表层病害大规模处理方面得到了应用。

随着我国沥青路面建设和养护水平的不断提高,沥青路面在养护阶段面临的深层问题将越来越少,沥青路面病害将主要集中在表层结构。就地热再生技术因其能够充分利用原路面旧沥青混合料,在处理路面表层病害方面展现出显著优势,这将会为就地热再生技术的应用开辟广阔的空间和前景。因此,本书主要介绍就地热再生技术,旨在总结该技术在施工过程中需要解决的关键问题,以期能够为就地热再生技术的应用提供有价值的参考依据。

1.2 沥青路面再生技术分类

根据国内外研究现状,沥青路面再生技术根据再生工艺的差异分为厂拌和就地两个部分,细分为五种类型,分别为厂拌热再生、就地热再生、厂拌冷再生、就地冷再生及全深式冷再生,其中全深式冷再生实际上是就地冷再生技术的一种。

1. 厂拌热再生

厂拌热再生是通过翻挖或铣刨的方式获取原路面沥青混合料回收料(reclaimed asphalt pavement,RAP),并在拌和厂根据需要将 RAP 进行破碎、筛分处理后,以一定比例的 RAP 与新集料、新沥青、再生剂等材料在厂拌设备中加热拌和为再生沥青混合料,然后铺筑形成沥青路面的技术。通常,厂拌热再生沥青混合料生产过程中需要采用专用的厂拌设备,如图 1-1 所示,一般会配备两个加热滚筒,分别用于加热新集料以及 RAP,以此满足不同材料的加热温度需求。此外,厂拌热再生技术能够高值化利用 RAP,能够充分发挥 RAP 中沥青与集料的潜在价值。

图 1-1 厂拌热再生设备

与普通热拌沥青混合料相比,厂拌热再生沥青混合料会受到 RAP 的影响,导致其材料组成设计过程中需要考虑 RAP 掺量、RAP 中沥青老化程度等进行再生剂用量、再生沥青混合料矿料级配等设计,并根据再生沥青混合料的应用层位进行配合比设计与性能验证,以及再生沥青混合料拌和工艺、碾压工艺的设计。根据国内外研究现状,厂拌热再生沥青混合料中 RAP 最大掺配比例可达到 100%。而我国由于受 RAP 的材料组成波动、施工工艺限制、现场管理水平等综合因素影响,RAP 的掺配比例通常不超过 30%,且以 20% 为主。现阶段,通过改善 RAP 的材料组成均匀性、优化生产工艺及提高施工管理水平,RAP 的掺配比例已经能够达到 40% 左右,且能够保证再生沥青混合料的性能达到热拌再生沥青混合料技术标准的要求。厂拌热再生沥青混合料在性能上可与普通热拌沥青混合料相媲美,适用于沥青路面中沥青层的结构层,且其施工工艺基本没有变化。

厂拌热再生技术能够解决沥青面层中各结构层病害问题,也能够改善和增强路面结构的承载能力,在环保、经济、能源、技术以及社会等方面均具有显著优势,是现代道路建设和养护中值得推广应用的技术手段。

2. 就地热再生

就地热再生是采用专用的就地热再生设备(图1-2),对旧路面进行现场加热、铣刨(或耙松),随后就地掺入一定比例的新沥青、再生剂及新沥青混合料等,再进行现场拌和,以形成就地热再生沥青混合料,最后将其铺装成沥青路面的技术。就地热再生技术能够100%回收利用原路面RAP,主要用于处理沥青路面表面层病害与路面功能性修复问题。

图1-2 就地热再生设备

与厂拌热再生技术相比,就地热再生技术需要使用原路面RAP,并根据实际情况判断是否掺加一定比例的新沥青混合料。该技术涉及再生剂用量、矿料级配设计,随后进行再生沥青混合料配合比的设计与检验,以及就地热再生现场施工工艺的设计。由于就地热再生施工过程中能够100%利用原路面RAP,且在保证原路面施工高程不变的情况下,就地热再生沥青混合料中外加新沥青混合料的比例通常不超过15%。因此再生沥青混合料的配合比设计,尤其是级配设计,显著受到原路面RAP的矿料级配影响。此外,就地热再生现场加热、铣刨(或耙松)、拌和的特点,要求采用专用的就地热再生"列车"完成原路面加热、铣刨(或耙松)、再生沥青混合料的拌和工作。由此可见,就地热再生的施工质量面临更大的变异性,且其实施过程更为复杂。

就地热再生技术常用于沥青路面表面层的病害修复以及性能恢复,旨在改善沥青路面的整体功能,包括排水等服役性能。受养护结构层的限制,就地热再生技术通常用于基层性能良好的路段,就地热再生技术的实施具有显著的经济和环境效益。

3. 厂拌冷再生

厂拌冷再生是在拌和厂将破碎、筛分后的RAP或者无机回收料,以一定的比例与新集料、再生结合料(乳化沥青或泡沫沥青)、无机结合料(水泥或石灰)、水等在常温下采用工厂拌和设备(图1-3)拌和形成沥青混合料,然后铺装成沥青路面的技术。厂拌冷再生沥青混合料中RAP或者无机回收料的使用比例能够达70%以上,这种混合料可用于沥青层或非沥青层的铺装,常用于沥青路面的基层部位,也可用于低等级公路的面层。对于高等级公路的路面面层,需验证其性能满足相关要求后方能使用。

厂拌冷再生技术由于采用常温拌和以及混合料中含水率较高,因此,其强度形成需要较长的时间。沥青与集料之间、集料与集料之间的黏结性并不理想,导致铺装厚度较厚(大于10cm)的冷再生沥青混合料底层难以形成高强度,且水分难以快速挥发,使得底层集料基本处于松散状态。此外,冷再生沥青混合料易受外界温度、湿度等因素影响,这增加了其组成设计的复杂性。尽管厂拌冷再生技术能够显著提高RAP的利用率,但由于其生产的沥青混合料常用于路面基层,这限制了厂拌冷再生技术充分发挥RAP中集料与沥青的潜在价值。

4. 就地冷再生

就地冷再生是采用专用的就地冷再生设备(图1-4)对沥青层进行就地铣刨,现场掺入一定数量的新集料、再生结合料、水等,经过常温拌和形成冷再生沥青混合料,再经摊铺和碾压,最终形成沥青路面结构层的技术。

图1-3 厂拌冷再生设备　　　　图1-4 就地冷再生设备

就地冷再生采用的材料类型与厂拌冷再生基本相似,但其工艺环节均在现场完成,这使得就地冷再生的施工效率较高。由于就地冷再生技术100%利用原路面RAP,这往往导致就地冷再生沥青混合料的级配、沥青含量等难以均匀控制,进而使得施工质量存在不稳定性。因此其常用于沥青路面基层、底基层,或者低等级沥青路面的面层。

就地冷再生的深度一般为50~100mm,必要情况下能够达到100~150mm。

5. 全深式冷再生

全深式冷再生是采用与就地冷再生一致的设备,对沥青层以及部分下承层进行就地铣刨,或者对下承层进行铣刨,现场掺入一定数量的新集料、再生结合料、水等,经过常温拌和形成冷再生沥青混合料,然后经摊铺、碾压后形成沥青路面结构层的技术。

与就地冷再生仅考虑沥青层相比,全深式冷再生是对全部沥青层和一定深度的基层进行就地冷再生,就地冷再生的深度能够达到100~300mm。在我国工程实践中,全深式冷再生包括两种工艺,分别为沥青层与基层一起再生以及铣刨沥青层后对基层进行再生。

1.3 沥青路面再生技术应用概况

1.3.1 国外应用概况

根据沥青路面再生技术的应用情况,对美国的沥青路面再生技术发展概况作如下总结。美国是最早开始沥青路面再生利用的国家,其历史可追溯至 1915 年。之后,由于美国处于路面的大规模建设阶段,沥青路面再生利用并没有得到太多的重视,再生技术的研究进展也相对缓慢。1940 年左右,工程师们探索将旧沥青路面材料用于路面基层的可能性,也开发出了一些加热沥青路面的设备。1956 年以后,受到原油价格上涨以及美国州际公路网初步建成的影响,沥青路面再生技术受到越来越多的关注。直到 1973 年,美国石油危机爆发,导致燃油供应紧张,相应引起筑路材料的供求问题和原材料价格的显著增长。1974 年,美国联邦公路局开始大力资助沥青路面再生利用的研究工作,并设立目标,计划每年废旧沥青路面材料的利用率达到 80% 以上。据统计,1981 年美国 40 个州共使用的再生沥青混合料达到 350 万 t,并形成了《路面废料再生指南》以及《沥青路面热拌再生技术手册》,用于指导再生沥青混合料的生产应用。1983 年,出版了《沥青路面冷拌再生技术手册》,用于指导冷再生施工。1985 年,美国总计使用了约 2 亿 t 的再生沥青混合料。20 世纪 90 年代,美国的废旧沥青混合料再生利用的比例已超过 90%,再生沥青混合料的用量占到了总沥青混合料用量的 50%。1994 年,美国公路合作研究计划中说明就地热再生技术不仅能够提高废旧沥青混合料的利用率,还能够提供高质量的沥青表面。1998 年,美国联邦公路局公布,美国 50 个州的州政府均在进行废旧沥青路面材料的再生利用,再生利用的比例为 10%~50%,主要集中在 20%~30%,所生产的再生沥青混合料性能与普通热拌沥青混合料基本一致。2001 年,美国沥青再生协会发布了《美国沥青再生指南》,对再生沥青混合料的材料组成设计、施工以及质量控制进行了详细的阐述,说明美国在再生沥青混合料应用方面已经发展得较为成熟,达到了稳步利用的阶段。总体来说,美国每年的废旧沥青路面材料再生利用率能够达 80% 以上,每年有 3.2 亿~3.7 亿 t 的废旧沥青混合料在路面维修改造中得到了再利用。

日本于 1976 年开始研究沥青路面再生技术。1984 年 7 月,日本道路协会发布了第一本关于废旧沥青混合料再生利用指南,即《路面废料再生利用技术指南》。1992 年,日本道路协会颁布了《路面厂拌再生手册》。1993 年,日本的旧路面材料再生利用率已经能够达到 78%。2002 年,日本的再生沥青混合料已经达到近 4200 万 t,占日本生产的沥青混合料总量的 55%。2004 年,日本发布了《路面再生手册》,废旧沥青路面材料再生利用率已经达到 90%。2010 年,日本又颁布了《路面再生手册》的修订版。经过多年的发展,日本每年的再生沥青混合料产量已经能够达到总沥青混合料产量的 50% 以上。

苏联在沥青路面再生利用方面也有较长的历史。1966年,苏联编制了《沥青混凝土废料再生利用技术的建议》,于1979年出版了《旧沥青混凝土混合料技术标准》,详细介绍了沥青路面的各种再生方法、沥青路面废旧材料再生利用的规定以及废旧沥青混合料的控制标准。1984年,苏联颁布了《再生路用沥青混凝土》标准,详细阐述了就地与厂拌热再生技术的施工工艺以及质量控制标准。

欧洲各国在沥青路面再生利用方面的发展较美国、日本、苏联等稍微落后。在众多的欧洲国家中,联邦德国在1978年已经能够100%利用废旧沥青路面材料,于1981年率先形成了《热拌再生沥青混凝土施工规范》,并将技术成果充分利用在高速公路沥青路面养护过程中。1994年,德国颁布《再生沥青混凝土施工指南》。2004年,德国编制了《维特根冷再生技术手册》,用于指导冷再生技术的规范化利用。法国与芬兰在沥青路面再生利用方面的推广也比较广泛,几乎所有的乡镇都有废旧路面材料储存场所,再生沥青混合料主要用于低等级路面的面层以及基层,后面逐渐发展应用到高等级路面的面层。1983年,英国颁布了《热拌沥青混凝土基本规范》,用于指导沥青路面热拌再生技术在英国的规范化应用。此外,欧洲沥青协会发表声明称其成员国在沥青路面再生利用方面已经达到了100%利用率水平。

根据沥青路面再生技术应用现状,总结不同发达国家的沥青路面再生利用情况,见表1-1。

发达国家沥青路面再生利用情况　　　　表1-1

国家	澳大利亚	奥地利	比利时	加拿大	丹麦	芬兰	法国	日本	荷兰	瑞典	英国	美国
利用率/%	80	80	100	90	90	95	85	80	100	75	90	80
厂拌热再生	G	G	G	G	G	G	G	G	G	—	G	G
厂拌冷再生	—	L		L		L		G		G	L	L
就地热再生	L	L		L	G	G	G		G		G	L
就地冷再生	L	—		L	G	G			L		L	L

注:G表示使用非常普遍,L表示使用比较有限。

总体来说,国外沥青路面再生技术经过近50年以来的发展,在沥青路面再生利用方面已经得到了长足的发展,并得到了大规模的利用,取得了良好的应用效果。国际经济合作组织发表的《道路工程再生利用战略》白皮书显示,在发达国家中,废旧沥青混合料的再生利用率已经达80%以上。此外,废旧沥青混合料的再生工艺也在不断完善,形成了更多的规范化、标准化的成果,能够根据不同路面的技术条件合理地选择再生技术。

1.3.2　国内应用概况

我国交通运输基础设施建设起步较晚,导致沥青路面再生技术的发展较发达国家的发展进程也较晚。总结我国沥青路面再生技术发展情况,大致可以分为三个阶段。

20世纪50—70年代是我国沥青路面再生利用的萌芽阶段。此时,我国在一些道路、人行道以及道路的垫层材料方面不同程度地使用废旧沥青路面材料。20世纪70年代以后,沥青路面在我国的通车里程逐渐增加,陆续建成了各种结构形式的沥青路面,而废旧沥青路面材料主要作为道路养护维修过程中基层材料使用。当时我国交通运输行业发展较为落后,也没有建成高速公路。因此,从当时社会发展条件来看,只能说明我国在废旧路面材料利用方面进行了探索,尚未形成真正意义上的沥青路面再生技术。

20世纪80年代是我国沥青路面再生利用的起步阶段。随着改革开放的到来,国民经济快速发展,交通量以及交通荷载也日益增加,这导致沥青路面在使用过程中出现了大量的病害。同时,由于当时的交通基础设施建养资金有限,沥青路面再生利用技术被第一次提及并尝试应用于我国沥青路面养护维修中。1982年,交通部设立沥青渣油路面再生利用的课题,由同济大学负责课题的协调工作,联合其他科研单位、高等院校以及生产部门,在沥青路面再生机理、沥青混合料的再生设计方法与施工工艺方面形成了重要成果,并在山西省、湖北省进行了沥青路面再生技术成果应用,铺筑了约80km的试验段。1983年,建设部立项了"旧沥青混合料再生利用"的研究项目,由上海市政工程设计研究院、天津市市政工程研究院、武汉市市政工程设计研究院等单位承担项目,主要研究旧渣油路面再生利用,达到替代普通沥青混合料用于路面中、下面层的目的。研究成果在天津、武汉、南京、苏州四个城市进行应用,累计铺装30000m^{2}的试验路段。通过对铺装路段进行监测,再生沥青混合料的综合使用品质能够达到普通热拌沥青混合料的水平。辽宁、河北、山东、安徽、湖南、广东等省,在沥青混合料再生利用方面也进行了初步探索,先后进行了旧渣油路面再生利用的研究。然而,旧沥青混合料的再生利用与新沥青混合料的生产工艺始终存在不同,受当时的设备生产工艺、生产水平、再生技术的实用性等方面的限制,再生沥青混合料的生产质量难以得到有效把控。此外,由于当时的社会条件尚未形成规模化的沥青路面再生利用体系,导致沥青路面再生的经济效益不佳,这在一定程度上制约了再生技术的应用与推广。因此,在那一时期,并没有形成真正意义上成熟的沥青路面再生技术。20世纪80年代中后期,我国开始进行大规模的公路建设,我国第一条高速公路——沪嘉高速公路于1988年10月建成通车,加上两段入城连接线的总长为20.5km。1989年8月广佛高速公路建成通车,全长15.7km。1990年8月我国东北地区的运输大动脉沈大高速公路建成通车,全长375km。在我国进入大规模公路建设时期后,沥青路面再生技术的研究已经不是当时交通运输领域需要重点解决的问题,而主要围绕公路新建阶段所面临的各种问题进行研究,导致沥青路面再生技术的研究在这一时期基本处于停滞状态。

进入21世纪后,沥青路面再生技术在国内才得到真正意义上的广泛重视,并得到了大规模推广应用。2000年,沈大高速公路营口段开展了沥青路面再生试验研究;2001年,北京市采用沥青路面再生技术铺筑了第一条环保沥青路,并在2002年颁布了《北京市路面沥青混凝土旧料再生利用管理办法》;2002年,同济大学与东南大学首次将再生沥青混合料技术纳入高水平研究课题之中,并对再生沥青混合料配合比设计方法以及性能方面进行了深入研究；2003年，广佛高速公路进行路面养护维修过程中采用双滚筒沥青再生拌和设备生产20%废旧沥青混合料掺量的再生沥青混合料，用于铺筑沥青路面的下面层，再生沥青路面使用状况良好；2004年，沪宁高速公路采用就地热再生技术对南京至镇江段路面进行预防性养护，对上面层沥青路面进行再生修复；2006年，沈海高速公路采用就地热再生技术对福鼎至宁德段上面层沥青路面进行养护维修；2007年，沈海高速公路福州至泉州段采用就地热再生技术进行养护施工；同年，交通部实施了"关于组织实施材料节约和循环利用专项行动计划的通知"，将路面冷再生技术以及热再生技术列为专项研究计划；2009年，英达热再生有限公司、江苏广靖锡澄高速公路有限责任公司、江苏省交通科学研究院针对沥青路面就地热再生技术开展研究，围绕就地热再生施工过程中再生工艺选择与分类、再生剂的选择与用量、再生沥青混合料设计以及就地热再生施工工艺提出了具体要求，对推动就地热再生技术的应用具有重要意义。总体来说，2005年以后，沥青路面再生技术在全国范围内得到了大规模的推广应用，并取得了良好的应用效果。

  沥青路面再生技术的发展也让我国形成了一批指导沥青路面再生技术应用的标准。1991年6月，交通部颁布了《热拌再生沥青混合料路面施工及验收规程》(CJJ 43—1991)，将沥青路面再生技术应用于中、轻交通等级沥青路面，对原路面性能评价、再生剂类型选择及用量、再生沥青混合料施工工艺进行了初步阐述，基本上能够指导沥青路面再生技术的应用。2008年，长沙理工大学、湖南省交通科学研究院、浙江兰亭高科控股有限公司联合完成了沥青路面再生利用关键技术研究的内容，形成了《沥青路面再生利用设计与施工技术指南》，形成了再生沥青路面设计、再生方式的选择与再生剂研发要求、再生沥青混合料的生产与施工应用方面的成套技术，为推动沥青路面再生技术的应用作出了重要贡献。2008年4月，交通运输部颁布了《公路沥青路面再生技术规范》(JTG F41—2008)，这是我国第一部能够指导不同再生技术应用的系统性操作规范与控制标准，标志着沥青路面再生技术在我国道路养护领域的重大进步。2019年1月，根据《公路沥青路面再生技术规范》(JTG F41—2008)发布后近10年的沥青路面再生技术的应用情况，以及我国的沥青路面再生需求，对技术规范进行了修订，颁布了《公路沥青路面再生技术规范》(JTG/T 5521—2019)，并作为行业推荐性标准指导不同再生技术在我国的规范化应用。

  2000年后，我国对沥青路面再生技术应用的重视程度逐年提高，并在《"十二五"公路养护管理发展纲要》中将沥青路面再生利用列为公路养护管理的基本原则。2012年，交通运输部在《交通运输部关于加快推进公路路面材料循环利用工作的指导意见》中明确指出了公路路面材料循环利用的重要性，加快推进公路路面材料的循环利用对促进我国公路交通可持续发展及节能环保有着重要的意义。同时，指导意见中还提出了对不同等级沥青路面废旧沥青混合料的循环利用率的具体要求。2022年，国家发展和改革委员会等部门发布《关于加快废旧物资循环利用体系建设的指导意见》，进一步要求建立健全废旧物资循环利用体系，对提高资源循环利用水平、提升资源安全保障能力、促进绿色低碳循环发展、助力实现碳达峰碳中和具有重要意义。

总体来说,与发达国家沥青路面再生技术的发展相比,我国沥青路面再生技术在再生利用方式、再生沥青混合料材料组成设计、施工工艺与质量控制方面均发展较晚,在再生沥青混合料生产设备方面也比较落后。然而,近年来,我国沥青路面再生技术的发展与推广应用取得了显著的进步,收获了一系列核心成果,在技术创新、生产设备创新及施工管理等方面形成了较为成熟的技术体系,标志着我国在沥青路面再生技术发展方面已经进入了跨越式发展的新时期。

1.4 沥青路面再生利用的意义

据统计,截至 2023 年底,我国公路通车总里程达到 543.68 万 km,其中高速公路通车里程为 18.36 万 km,稳居世界第一。近年来,我国公路基础设施建设主要以养护为主,每年都面临着严峻的养护任务和庞大的工程量。然而,我国是人均资源相对匮乏的大国,沥青路面养护过程中对大量不可再生资源的需求对我国当前的资源形势提出了挑战。沥青路面再生技术的充分利用能够有效地解决我国路面养护过程中将会面临的资源短缺问题,还能解决原路面废旧沥青混合料处理产生的环境与资源浪费问题,符合我国的实际国情。根据沥青路面再生利用的技术特点,能够总结三个方面的意义。

(1) 可持续发展方面

与传统沥青路面养护维修过程中采用的铣刨重铺方式相比,沥青路面再生技术能够减少对大量新材料的需求,降低新材料的生产与运输带来的环境负担。对于废旧路面材料,通常在堆积的过程中会占用大量的土地资源,更会对周围的环境造成潜在污染。通过再生利用废旧路面材料,能够减少废弃物堆积,减轻路面材料固体废弃物处理的压力,实现资源的循环利用。

(2) 经济效益方面

沥青路面再生技术通过使用废旧沥青路面材料,降低新材料的需求,避免了新材料的开采、运输方面产生的额外费用,能够达到降低工程成本的目的。此外,所生产的再生沥青混合料将会根据废旧材料的使用比例差异达到不同的工程费用节约水平。据统计,再生沥青混合料中废旧沥青路面材料掺量在 30% 以上时,再生沥青混合料的经济效益能够达到 15% 以上,废旧沥青混合料掺量越高,沥青路面再生技术的经济效益越显著。沥青路面再生技术的发展也会促进相关产业的技术进步,包括新材料、新设备等的研发与推广工作,可为社会创造大量的工作岗位,间接带动了经济发展。

(3) 能源节约方面

沥青路面的建设过程以及沥青混合料的生产过程是一个高能耗的过程,废旧沥青路面材料的再生利用能够减少对沥青、集料的消耗,降低沥青与集料加工过程中的能源消耗。沥青路面再生技术中,冷再生技术的应用能够完全避免混合料生产过程中所需的高温、高热条件,完全避免了高温加热的情况,进一步降低了能源消耗。沥青路面再生技术的使用能够减少对化石燃料的需求,还能够降低施工过程中的能耗与碳排放,能够响应我国的"双碳"目标。

据统计,我国公路沥青路面材料的循环利用率不足30%,与发达国家70%以上利用率相比还有很大差距,我国在废旧路面材料再生利用方面依旧任重道远。面对我国严峻的能源形势、大量废旧路面材料的产生以及养护资金严重短缺的问题,沥青路面再生利用符合我国可持续发展的目标,已经势在必行。

第 2 章
沥青路面就地热再生技术

2.1 概述

沥青路面就地热再生技术的发展可以追溯到 20 世纪 70 年代,欧美等发达国家和地区为了充分利用旧沥青混合料,在道路养护维修领域推出了沥青路面就地热再生工艺。就地热再生采用现场施工,具有旧料利用率高、新料使用少、施工效率高等突出的特点,其经济效益显著。

虽然较多的国家采用就地热再生技术进行沥青路面养护维修工作,但是现场施工的工艺流程导致就地热再生施工过程中加热难以控制,且不能很好地控制再生沥青混合料材料组成。就地热再生技术能够完全利用原路面沥青混合料,具有施工成本较低、环境效益较高的优点,且施工后能够快速开放路面交通。因此,虽然就地热再生技术有一定的局限性,且就地热再生所需设备庞大,但是并不妨碍就地热再生技术在沥青路面养护工程中的推广与应用。

沥青路面就地热再生技术不仅能够修复路面表层功能性病害,也能解决部分结构性病害问题。随着我国公路路面通车里程的逐年增加,我国将会面临严峻的养护任务,还面临养护资金缺口较大的问题,这使得我国非常适合采用就地热再生技术进行沥青路面养护。因此,自 21 世纪以来,随着就地热再生技术在我国的广泛应用,就地热再生设备方面也得到了深度的发展,并陆续投入实际工程中,取得了良好的应用效果,推动了就地热再生技术与设备在我国的创新发展与应用。

总体来说,虽然我国就地热再生技术与设备的发展相比国外的研究与设备发展起步较晚,但是近年来我国在就地热再生技术的理论基础与施工技术方面的研究已经取得了显著的进步。因此,结合我国就地热再生技术的特点以及设备的技术特点,形成一套符合我国工程实际情况的就地热再生技术系统非常有意义。

2.2 就地热再生技术的设备组成

根据就地热再生技术的施工工艺、设备类型的差异,结合就地热再生的施工工艺原理、工艺流程,就地热再生设备主要分为三大类,分别为加热设备、加热铣刨设备、加热复拌设备。

2.2.1 加热设备

加热设备主要由燃烧装置、加热装置、燃料罐、液压装置、发动机、操纵装置、行走装置等组成,主要作用是均匀加热原沥青路面,使其达到设计温度要求。采用加热设备进行初步加热的过程中,原沥青路面的表层温度一般高于190℃,沥青表面以下1~2cm处温度能够达到120℃以上,沥青表面以下4cm处的温度能够达到80℃以上,沥青路面养护深度范围内的沥青路面平均温度能够达到100℃以上。施工过程中,为了保障施工速度与加热效率,通常采用3台加热机组多级加热的形式,确保加热的均匀性。

1. 加热设备根据加热系统结构分类

加热设备根据加热系统结构差异,可分为集中燃烧式和分散燃烧式两种类型。

(1) 集中燃烧式

集中燃烧式设备中主要采用大容量的喷燃器,通过复杂的通风管道和箱罩,结合加热装置将热量输送至沥青路面表层。设备燃烧器产生的热量通过通风管道送入加热箱罩内,实现对路面的均匀加热。集中燃烧式设备具有温度控制方便的优点,加热宽度能够通过液压伸缩装置来控制。热风循环加热设备是典型的集中燃烧式设备,设备结构示意如图2-1所示。

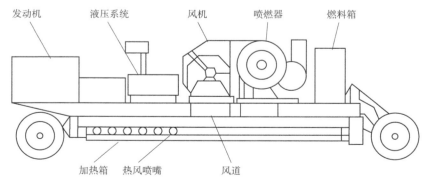

图 2-1 集中燃烧式设备的结构示意图

(2) 分散燃烧式

分散燃烧式设备的加热装置通常由若干加热箱组成,每个加热箱内装有多个小容量燃烧器,直接对路面进行加热。分散燃烧式设备的结构简单,热量损失较小,但不方便实现自动控制,通常通过拆除部分加热箱或采用折叠式结构来调节加热宽度。分散燃烧式设备的加热系统结构示意如图 2-2 所示。

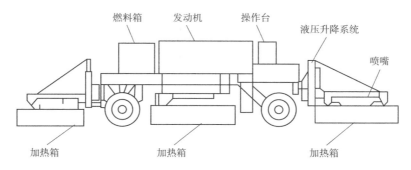

图 2-2　分散燃烧式设备的加热系统结构示意图

2. 加热设备根据加热方式分类

加热设备根据加热方式的差异,可分为红外线辐射式、热风循环加热式、红外线热风并用式、微波加热式。

（1）红外线辐射式

红外线辐射式加热工作原理是通过液化石油气在金属网附近燃烧,加热金属网,产生红外线辐射照射到路面上进行加热。典型加热装置与加热效果如图 2-3 所示。

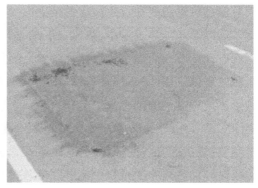

图 2-3　红外线辐射式加热装置与加热效果

红外线辐射式的加热深度更大、热量穿透能力更强,能够有效地加热沥青路面的深层部位。然而,这种方法的单位面积热负荷较高,导致表层沥青温度迅速升高。但是,由于沥青路面的导热系数较低,短时间内难以将热量传递至路面底层,这导致路面表层的沥青出现老化、烧焦、变质甚至燃烧的现象。同时,3cm 以上的底层沥青可能未达到适宜的施工温度,在翻松后会呈现出花白路面,还会释放大量有害的沥青烟气,不仅危害施工人员健康,污染大气环境,还会影响再生质量,不利于环境保护。此外,红外线加热器在高温环境下长时间连续使用容易出现明火或回火现象,甚至可能导致爆燃,存在一定的施工安全隐患。

(2) 热风循环加热式

热风循环加热式设备主要由燃烧器、加热箱、风机和自动控制装置组成。典型热风循环加热装置与加热效果如图2-4所示。

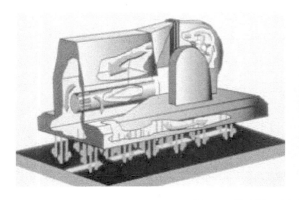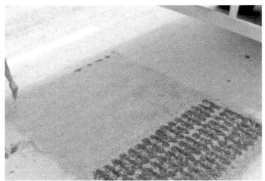

图2-4 热风循环式加热装置与加热效果

热风循环加热设备在工作时,燃料燃烧产生高温,风机将温度达到700℃的热气送入加热箱,对路面进行加热,使路面温度逐渐升高,以达到所需的温度。在设备实际工作过程中,部分热气的热量传递给沥青路面,余下温度为400℃的热气经风机送回加热器室,再次加热至700℃,形成热气循环。设备加热过程中,加热温度由自动控制系统控制,通过设定热风温度,自动控制系统将会根据热电偶反馈的信号,通过温度控制器调整油门和风门的大小,从而将温度自动稳定在设定要求的范围内。

热风循环加热过程中,热风温度相对温和且分布均匀,路面加热温度可以通过供油量的比例自动调节。高温热风在循环中被反复加热,空气中的氧被消耗殆尽,使沥青失去了老化所需的条件。因此,在加热过程中,路面沥青与无氧热风接触时不会发生氧化反应,从而消除了传统意义上的沥青高温老化现象,使再生后的混合料性能极佳。热风循环加热方式采用闭式循环系统,加热系统可根据路面温度变化自动调节,使燃烧器的供油量与路面温度同步调整,减少不必要的热量输出,从而显著提高了设备的热效率。与红外线加热技术相比,热风循环加热在施工过程中能够降低各种有害气体排放90%以上。

总体来说,采用热风循环加热方式,其热效率高,能节省燃料。同时,根据路面加热温度的要求,可设定燃烧值,控制范围较为广泛。

(3) 红外线热风并用式

根据形状不同,红外线热风并用式加热设备可以分为圆筒形热反射板式和扁平框架式。圆筒形热反射板式加热器结构示意如图2-5所示,它将燃烧器燃烧的高温火焰吹到圆筒周围产生红外线,并通过顶部的热反射板反射到路面上,对路面进行加热。加热能力可通过调节喷燃器的压力以及更换喷嘴进行调整,调整范围相对于热风循环加热式较小。由于加热器箱罩内的压力较高,能够防止冷空气的侵入,并且热风的排风量也较大。

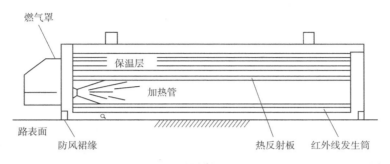

图 2-5　圆筒形热反射板式加热器结构示意图

扁平框架式加热器结构示意如图 2-6 所示,燃烧的火焰散射在孔状的波纹板面上,利用热辐射和对流的原理对路面进行加热。这种结构具有受热面积大、热辐射效果好的特点。通过调节压力进行加热能力控制,但是调节范围相对于热风循环加热式较小。内部热风的压力较大,可以防止冷空气的侵入,并增大排气量。

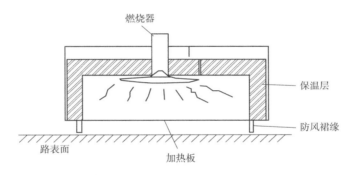

图 2-6　扁平框架式加热器结构示意图

(4)微波加热式

微波加热式是近年来新兴的一种就地热再生加热方法,利用就地谐振加热机,将料堆置于移动式谐振腔中,以提升能量利用效率,并避免温度分层现象,实现了在移动条件下对再生料堆进行连续微波加热。加热机通常采用三重屏蔽(包括柔性金属链网、扼流槽和金属挡板)和三重防护(包括微波泄漏检测、报警和限位)构成的六重屏蔽系统,以确保移动状态下大功率微波输出的安全防护,从而减少微波泄漏量,提高作业安全性。通过专用加热墙、微波天线和阵列,减少微波源之间的耦合干扰,优化功率密度分布,提高加热效率和均匀性。此外,采用冷却液磁控管串并联散热系统,提高磁控管的工作稳定性,保证沥青路面的连续微波加热。与传统加热方式相比,微波加热具有穿透力强、加热均匀、无烟无味、环保等优点。由于沥青混合料中的沥青不吸收微波,仅依靠石料间接加热,彻底避免了沥青老化和烤焦等现象的发生。

以上介绍了目前常用的四种加热方式,其中,热风循环加热方式在工程中得到了广泛的应用。此外,在实际工程中,还可以通过降低加热机的工作行驶速度,采用两台及两台以上的加热机串联工作等方式来提高沥青路面的加热温度。特别是在较低温度的环境条件下,采用降低加热机运行速度以及多台加热机串联加热的方式能够达到更好的加热效果。

2.2.2 加热铣刨设备

加热铣刨设备主要由加热装置、铣刨装置、外加剂添加装置组成,如图 2-7 所示。加热装置主要用于将原路面进行进一步加热,并将原沥青路面通过铣刨装置铣刨成松散的原路面沥青混合料,添加设计比例的新沥青、再生剂等材料,形成原路面沥青混合料料垄,便于后续施工过程中工程车辆在现场添加新沥青混合料。

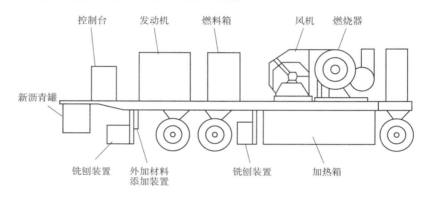

图 2-7 加热铣刨设备结构图

(1)加热装置

加热装置主要是为了保持加热设备对原沥青路面的加热效果,同时,加热装置也能进一步对原沥青路面进行加热,提高原路面设计铣刨深度范围内的断面温度。

(2)铣刨装置

铣刨装置主要是将加热后的原沥青路面铣刨成松散的原路面沥青混合料,该过程也可称为耙松。采用铣刨装置,通过调节铣刨深度来达到设计要求养护深度范围。此外,由于原沥青路面具有较高的温度,设计铣刨深度范围内的沥青混合料能够达到100℃以上,沥青与集料之间的黏附性较小,导致铣刨过程中基本不会破坏原路面沥青混合料的集料级配。

(3)外加剂添加装置

外加剂添加装置主要用于添加设计比例的新沥青、再生剂等添加剂。通过现场计量,测试不同阀门开关状态的新沥青、再生剂等外加剂的添加量,确定就地热再生施工过程中不同运行速度情况下不同外加剂的开关挡位。外加剂的添加一般采用喷洒、螺旋撒布的方式,并在铣刨装置的作用下,将原路面松散的沥青混合料与新沥青、再生剂等外加剂进行初步拌和。

2.2.3 加热复拌设备

加热复拌设备主要由新沥青混合料添加装置、翻松装置、加热装置、提料装置、拌和装置组成,如图 2-8 所示。加热复拌设备主要用于完成再生沥青混合料的充分拌和工作。

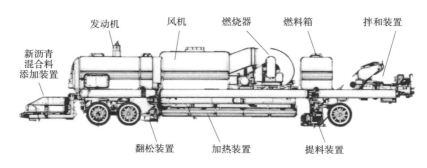

图 2-8 加热复拌设备结构图

(1)新沥青混合料添加装置

新沥青混合料添加装置主要包括新料接料斗和供料装置,其结构与常规的沥青混合料摊铺机中的给料装置一致。

(2)翻松装置

翻松装置主要是将新沥青混合料与原路面耙松后的沥青混合料、再生剂、新沥青等材料在路面表层进行初步拌和,并将归垄的沥青混合料平铺在路面表层,方便加热箱对沥青混合料再次加热。翻松装置主要分为齿耙式和旋转滚筒式两种类型。

(3)加热装置

加热装置主要是将新沥青混合料、原路面沥青混合料、再生剂、新沥青等材料在路面表层进行加热,提高上述材料的温度,从而保障再生沥青混合料的温度。同时,通过加热装置能够对铣刨后的路面表层进行加热,有利于其与再生沥青混合料之间形成热黏结层,提高沥青路面整体的结构强度。

(4)提料装置

提料装置主要采用螺旋辊轴,采用相对旋转的方式将平铺在路面表层的沥青混合料收垄至中心位置,并采用提料装置将收垄至中心位置的沥青混合料输送至沥青混合料拌和锅。

(5)拌和装置

拌和装置主要用于将通过提料装置输送至拌和锅中的新沥青混合料、原路面沥青混合料、再生剂、新沥青等材料进行充分混合。根据搅拌方式的差异,分为连续搅拌装置和间歇搅拌装置两种类型。连续搅拌装置又可细分为纵向卧轴强制式和横向双卧轴强制式两种,具体结构如图 2-9 所示。而间歇搅拌装置一般采用纵向双卧轴强制式。为了防止混合料温度的降低,有些情况下还会使用带有保温层的拌和锅。

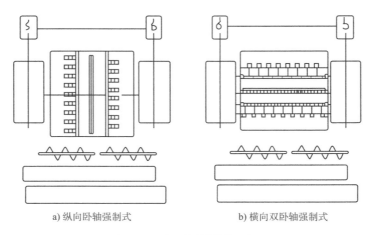

a) 纵向卧轴强制式　　b) 横向双卧轴强制式

图 2-9　两种强制式搅拌器示意图

2.2.4　就地热再生设备实例

20 世纪 70 年代以来，欧洲、美国、德国、芬兰、日本等发达国家和地区为了有效利用旧沥青混合料、节约资源，在道路养护维修领域推出了沥青混凝土路面的就地热再生工艺，并推动了就地热再生技术在实际工程中的应用。21 世纪以来，我国也致力于自主开发就地热再生设备，整体水平已经达到了国际先进水平。根据各就地热再生设备生产厂家的差异，选择我国常用的三种就地热再生设备进行简要介绍。

（1）鞍山森远 SY4500 就地热再生重铺机组

鞍山森远 SY4500 就地热再生重铺机组是国家"863"计划（即国家高技术研究发展计划）项目、国家重点新产品、国家火炬计划项目的一部分，设备形貌如图 2-10 所示，它是我国最早期的自主研发的就地热再生机组。鞍山森远 SY4500 就地热再生重铺机组是我国早期最先进的沥青路面就地热再生施工设备之一，通常由三台路面加热机、一台加热铣刨机、一台加热复拌机组成。该机组用于高等级公路的大面积连续翻修作业，具备就地加热、翻松（铣刨）、复拌、摊铺和整平功能，能够一次性完成新路面的施工。它可以 100% 就地再生利用旧路沥青混合料，因此具有节约资源、减少环境污染、作业时不封闭交通等显著优势，对经济和社会效益都有积极的影响。

路面加热机采用了国际先进的热风循环连续加热技术，既提高了加热效率，又节省了大量燃料，具备加热均匀、迅速、高效、环保等诸多优点。

路面加热铣刨机主要用于连续进行沥青路面的加热、路面两侧的铣刨、铣刨料向路面中心收集、再生剂添加、原路面沥青混合料与再生剂初步混合、混合后沥青混合料形成料垄等工序。该设备能够使沥青路面加热软化，并根据设定的深度进行铣刨，铣刨的深度和宽度能够实现自动控制和调整，保证铣刨过程中集料不受损伤，再生剂的添加量能够精确控制。

第2章 沥青路面就地热再生技术

图 2-10 鞍山森远 SY4500 就地热再生重铺机组

路面加热复拌机主要用于连续添加新沥青混合料、新沥青混合料与旧沥青混合料的摊平、搅动加热、沥青混合料的收集与提料、新旧沥青混合料充分搅拌与卸料等工序。该设备能够实现新混合料的自动比例控制,并通过搅拌与摊平的功能实现沥青混合料的加热、烘干工艺,确保旧料与新添加混合料充分加热,提高新旧沥青混合料的温度,同时实现对路表的充分加热。之后,新旧沥青混合料经过刮板输送器输送至双轴拌和锅中,进行新旧沥青混合料的最终拌和,形成再生沥青混合料,然后由摊铺机进行摊铺作业。鞍山森远 SY4500 就地热再生重铺机组主要技术参数见表 2-1。

鞍山森远 SY4500 就地热再生重铺机组主要技术参数　　表 2-1

参数类型	技术指标	参数类型	技术指标
总装机功率	860kW	再生剂箱容积	2.7m³
受料斗容积	3m³	搅拌器拌和能力	200t/h
总加热能力	8600000kcal/h(10000kW)	路面加热宽度	4.5m
路面再生深度	0~60mm	路面铣刨宽度	4.0m
施工作业速度	0~5m/min	沥青箱容积	1m³
温拌剂箱容积	1m³	转向形式	液压控制,四轮转向
新料及再生剂添加量	自动比例控制	机组整备质量	132t

(2)南京英达 RM6800 就地热再生机组

南京英达 RM6800 就地热再生机组被我国交通运输部鉴定为"国际领先"的就地热再生工艺与机组。这款机组是不对集料进行破碎的热再生设备,能够将原路面材料 100% 地循环再利用。该机组由 2~3 台 HM16 型沥青路面加热车、1 台 RM6800 型沥青路面就地热再生车以及 1 台 EM6500 型沥青混合料提升复拌机组成,设备外观如图 2-11 所示。

该机组配备了热辐射路面加热墙、独立控制的多组气动路面疏松耙、数字控制的再生剂以及沥青喷洒系统、可调节作业宽度和深度的螺旋集料器以及半挂式牵引车等设备。采用热辐射路面加热墙,使得加热系统具有较高的热渗透能力,还能将热量散失降到最低,具有节能降耗、加热充分的特点。通过数字控制再生剂、新沥青的用量,且能够根据路面再生的宽度、深度等参数变化添加设计质量的再生剂、新沥青等材料,确保了材料添加质量的准确性。此外,再生列车上还均匀分布了多个喷洒盘,用于保证再生剂和沥青在施工过程中添加的均匀性。半挂式牵引车配备有液压驱动的慢速行走装置,能够在转场时实现高速行驶,在施工时则能够实现低速、匀速行进。南京英达 RM6800 就地热再生机组各个系统之间的布局合理紧凑,总宽度不超过国家标准规定的汽车最大宽度,总长度也不超过国家标准规定的半挂车长度,能够在各种等级的公路上正常行驶。

图 2-11　南京英达 RM6800 就地热再生机组

南京英达 RM6800 就地热再生机组使用 EM6500 型沥青混合料提升复拌机,该复拌机配备了沥青混合料料斗、高效热辐射路面加热墙、螺旋式拾料器和刮板提升机、液压驱动的双轴拌和器等装置。自动料斗送料系统能够根据再生路面的宽度、再生深度以及设计新沥青混合料添加比例,实现新沥青混合料的均匀添加。EM6500 还采用了二次加热系统以及二次保温措施,确保再生层与铣刨路面底层之间的良好热黏结,提高再生路面整体的性能。EM6500 还配备了高速行走牵引臂,使设备在远距离转场的时候能够方便地使用标准牵引车高速行驶。

(3) 徐工 JH450 热风微波复合加热就地热再生机组

徐工 JH450 热风微波复合加热就地热再生机组由就地热风加热机、就地加热铣刨机、就地微波加热机和就地复拌机组成,设备外观如图 2-12 所示。该机组将微波加热技术融入就地热再生技术设备中,采用热风和微波复合加热方式,有效解决了材料温度控制问题,提高了再生材料的加热温度均匀性,在道路养护维修领域具有创新意义。此外,徐工 JH450 热风微波复合加热就地热再生机组建立了智能化、网络化和数字化施工与管理平台,提高了不同机组的远程操控能力,显著降低了现场施工操作人员的工作负担。

徐工 JH450 变功率就地热风加热机采用独特的加热墙动作执行机构,使加热墙在进行提升、翻运、回转等动作时更加灵活。此外,为提高就地热风加热机的加热效果,采用多单元、小分区、变功率、独立与协同控制的热风循环加热技术,能够有效地提高加热温度的均匀性,避免加热温度过高引起的沥青老化的情况,也能够避免加热温度不够导致铣刨困难的现象。徐工 JH450 变功率就地热风加热机的加热宽度为 3~4m、加热长度为 9m、加热深度为 0~60mm，且该设备具有良好的转场、爬坡的能力，施工适应性强。

图 2-12　徐工 JH450 热风微波复合加热就地热再生机组

徐工 JHM450R 就地加热铣刨机采用介质脉冲喷洒技术分组控制新沥青、再生剂等材料的喷洒作业，实现均匀、准确喷洒。采用自动找平仪，实现铣刨深度的自动调节。就地加热铣刨机采用"品"字形整体结构，在施工过程中四轮驱动，行走灵活。徐工 JHM450R 就地加热铣刨机的铣刨宽度为 3~4.4m，加热宽度为 3~4m，加热墙长度为 4.5m，铣刨深度范围为 0~60mm。

徐工 JH450W 就地微波加热机是全球首台大功率微波就地谐振加热机，用于铣刨后原路面沥青混合料温度提升工作，能够显著提高原路面沥青混合料温度至 20℃以上，关键技术处于国际领先水平。采用微波加热的方式，由于沥青不吸收微波，只能依靠加热集料来实现沥青的间接加热，彻底避免了沥青加热老化的问题。同时，微波的穿透力强，使得沥青混合料的断面加热更均匀，整个加热过程无烟无味，更加环保。徐工 JH450W 就地微波加热机长度为 8.1m，微波加热墙宽度为 1.2m。

徐工 JHR450 就地复拌机采用了新料精准添加与计量装置、二次提温通道和翻松器新结构、双卧轴强制拌和装置以及三级烟气回收工艺，实现了新旧沥青混合料在现场拌和的均匀性，更加的环保、高效。

总体来说，随着社会的发展，以及节能环保水平要求的提高，我国在就地热再生技术的应用方面已经取得了辉煌的成果，并在设备创新方面也取得了长足的进步。

2.3　就地热再生技术的工艺分类

根据国内外关于就地热再生技术的研究现状及工程实践，可以将就地热再生技术分为三种类型，分别为表面再生、复拌再生与加铺再生。

2.3.1 表面再生工艺

表面再生也称为整形再生,是就地热再生工艺中最简单的一种。该工艺通过加热机组对原沥青路面进行加热软化,然后采用加热铣刨设备对原沥青路面进行加热铣刨至设计处理深度,添加设计质量的新沥青、再生剂等,经过加热复拌机进行充分搅拌,形成再生沥青混合料。再生沥青混合料采用摊铺、碾压设备进行摊铺压实,形成再生后的沥青路面。表面再生后的沥青路面断面如图 2-13 所示。

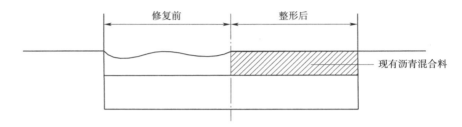

图 2-13 表面再生后沥青路面表面横断面

按照表面再生工艺的流程,所需设备主要有加热设备、加热铣刨设备、加热复拌设备、摊铺设备以及碾压设备。首先,通过加热设备对原有沥青路面进行现场加热,使得路面表层温度达到 190℃ 以上,同时确保再生深度范围内的沥青路面平均温度达到 100℃ 以上。接着,使用加热铣刨机再次对路面进行加热,并采用铣刨装置将原沥青路面进行铣刨,现场掺入设计质量的新沥青、再生剂等材料。随后,通过加热复拌设备将松动的旧路面材料与再生剂、新沥青等混合,形成再生沥青混合料。最后,采用摊铺设备进行再生沥青混合料摊铺,或者采用熨平板进行整平,然后使用钢轮、胶轮压路机对再生沥青路面进行压实,最终形成再生沥青层。

表面再生工艺的目的是消除沥青路面表层不规则变形和裂缝,可用于将路面恢复至合理的线形、等级和横坡度,以确保良好的排水效果。同时,表面再生也能够改善沥青路面的摩擦力,使其在有限时间内保持较佳状态。此外,表面再生过程中,加热设备会对铣刨后沥青路面的表层进行加热,能够有效地提高铣刨后沥青路面表层与再生沥青混合料摊铺层之间的黏结性能。因此,根据表面再生的工艺目的,表面再生过程中将不会添加新集料、新沥青混合料等,而是通过添加再生剂、新沥青来恢复原路面中老化沥青的性能,保障再生沥青混合料的质量。

表面再生工艺主要用于基层稳定、路面结构强度足够的沥青路面,表面再生沥青层常用厚度为 20~25mm,最大处治深度通常不超过 60mm。

2.3.2 复拌再生工艺

复拌再生工艺是就地热再生技术最常用的工艺。该工艺首先采用加热机组将原沥青路面加热至一定温度,铣刨深度范围内的沥青路面平均温度通常要高于100℃;然后,采用加热铣刨机对原沥青路面进行加热,并采用铣刨装置将原沥青路面进行铣刨,使原沥青路面中的沥青混合料呈翻松状态;之后,就地掺入设计质量的新沥青、再生剂等材料,并采用铣刨装置进行初步拌和;随后,采用加热复拌设备添加设计质量的新沥青混合料,将新沥青混合料与原路面翻松后的沥青混合料、再生剂、新沥青等进行加热拌和,经过提料机将其输送至拌和锅中进行现场加热最终拌和,形成品质优良的再生沥青混合料;最后,通过摊铺设备将再生沥青混合料摊铺至路面上,并采用压路机进行碾压成型,形成路面表面断面如图2-14所示。

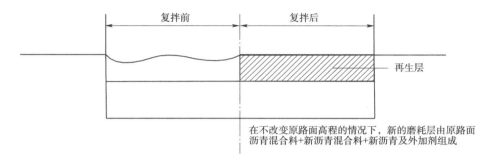

图2-14 复拌再生后沥青路面表面横断面

相比表面再生工艺,复拌再生施工过程中通常会添加新的沥青、沥青混合料,用于改善原路面沥青混合料的性能,提高再生后沥青路面的强度和稳定性。此外,复拌再生技术可以改善现有沥青路面材料的特性,修复老化和不稳定的磨耗层,改善道路的横坡,提高道路的强度,还可以将磨耗层改造成黏结层,然后进行新的磨耗层覆盖。通常,复拌再生工艺能够修复路面表层50mm以内的车辙、裂缝和材料老化,常用的处治深度一般小于40mm,部分情况下的处治深度可以达到75mm。

表层带有稀浆封层的沥青路面也可以进行复拌施工,在施工过程中,稀浆封层有助于软化再生黏结料。此外,带有稀浆封层的沥青路面就地热再生施工时需要进行性能验证,保障再生沥青混合料性能满足设计要求后才能进行施工。同时,稀浆封层由于含有大量的沥青,在较高的热风循环温度下,施工过程中沥青路面表层会产生大量的浓烟与火苗,可能会造成向路面底层传热受阻问题。因此,带有稀浆封层的路面就地热再生施工期间应根据现场施工实际情况进行动态调整,必要情况下需要考虑移除表面稀浆封层后进行就地热再生施工。

2.3.3 加铺再生工艺

受到原路面沥青老化程度、材料组成等因素的综合影响,复拌就地热再生技术可能会面临无法达到预期路面性能的情况,此时可考虑采用加铺再生工艺。加铺再生的工艺原理建立在表面再生或复拌再生的基础上,采用专用的设备,在再生沥青混合料表面再摊铺一层新的沥青混合料加铺层,最后采用碾压设备将再生层与新沥青混合料加铺层一起碾压,形成加铺再生沥青路面,所形成的再生路面断面如图2-15所示。

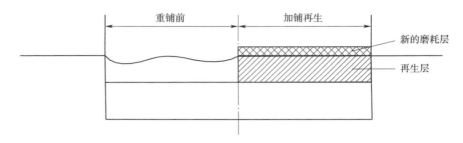

图 2-15 加铺再生后沥青路面表面横断面

加铺再生工艺可用于修复路面表面 25~50mm 的缺陷,例如车辙、收缩裂缝和剥落病害等,恢复路面的抗滑性能、平整度指标,改善道路横坡和沥青路面的强度。此外,当表面再生或复拌再生无法将路面恢复至设计要求时,从施工经济性角度考虑,加铺工艺就很有必要。通常,可采用超薄/极薄罩面的形式与再生工艺相互配合,促使沥青路面获得良好的抗滑性能。

复拌再生工艺与加铺再生工艺的流程基本一致,主要区别是加铺再生工艺在摊铺环节还需要摊铺一层新的沥青混合料磨耗层。对于这种双层摊铺的情况,可以采用双层摊铺机同时完成再生沥青混合料与超薄磨耗层的摊铺作业。

2.4 沥青路面就地热再生技术的适用条件

沥青路面就地热再生技术是一种现场施工技术,其处治深度通常为 0~60mm。然而,由于处理深度有限,该技术无法有效处理路面内部较深的结构性病害。同时,就地热再生施工过程中,100%利用原路面沥青混合料,这导致再生后的沥青混合料与普通热拌沥青混合料相比性能可能会出现劣化。为确保再生沥青混合料的性能,就地热再生施工对原路面的材料组成和性能有特殊要求。因此,是否适用就地热再生技术进行沥青路面养护施工,受到诸多因素的综合影响,包括旧路面的结构、沥青老化程度、路面病害类型和程度等。表 2-2 为根据大量的工程应用经验总结的适用就地热再生技术的基本条件。

就地热再生技术适用的路面技术状况　　　　表 2-2

指标	技术要求	指标	技术要求
路面结构强度指数(PSSI)	≥80	路面破损深度/cm	<6
车辙引起的推移深度/cm	<5	原路面沥青层厚度/mm	≥(再生深度+30)
磨耗引起的车辙深度/cm	<3	沥青 25℃针入度/0.1mm	≥20
路面破损率/%	<40	沥青含量/%	≥3.8

根据表 2-2 中就地热再生技术适用的路面技术状况要求,做出如下说明:

①当路面结构强度符合要求,并未出现大规模结构性病害时,局部路面的结构性病害可

以采用预处理的方式,之后采用就地热再生技术进行连续施工。

②原路面沥青混合料级配在设计要求波动范围内时,三种就地热再生施工工艺均能采用原路面级配施工。而当原路面沥青混合料级配不在设计级配要求范围内时,需要考虑采用复拌再生工艺或加铺再生工艺进行施工。

③原路面沥青含量低于表2-2中的要求时,需要综合考虑现场就地热再生施工过程中的加热效果,在保障再生沥青混合料的加热温度以及设计沥青含量情况下,可考虑进一步降低原路面沥青含量的要求水平。

④采用复拌再生工艺施工时,原沥青路面的车辙深度一般不超过3cm;采用加铺再生工艺施工时,沥青混合料车辙一般不超过5cm。就地热再生施工前,采用预处理的方式对原路面隆起的车辙进行铣刨处理,相应的车辙深度要求可以进一步放宽。

⑤原沥青路面的局部破损可能会贯穿沥青路面的不同层位,对于较深破损位置,建议采用铣刨重铺的方式进行预处理,以保障工程施工的总体质量。

⑥原沥青路面表层具有稀浆封层、微表处、薄层罩面、碎石封层路面,就地热再生施工前应检查再生沥青混合料的级配、性能能否满足设计要求。当不满足设计要求时,需要对上述材料进行铣刨,之后进行就地热再生施工。

通常,就地热再生施工机组的设备总长度能够达到150m,单台就地热再生设备较为庞大。因此,就地热再生机组在具体施工过程中还受到道路承载能力、沿线附属设施、净空、施工区域、气候环境等因素的影响,具体内容见表2-3。

就地热再生技术的其他影响因素　　　　表2-3

影响因素	具体内容
道路承载能力	由于就地热再生设备的质量较大,因此需要道路具有足够的承载能力,以支撑就地热再生设备的运行
沿线附属设施	对于城市道路,在进行就地热再生施工时,必须注意保护存在于路面上层的公共设施,如窨井盖等,并且需要检查施工地点周围是否有可燃性物质; 在现场加热过程中,还应对道路两侧绿化带进行保护,以避免高温对其造成影响
净空	对于立交桥和地下通道等有高度限制的道路,不仅需要满足就地热再生设备的通行要求,还需考虑新料拖运卡车的通行需求
施工区域	根据现有道路宽度,就地热再生操作通常会占用施工区域内约4/5的车道,因此对于狭窄的道路,需要解决往来车辆的通行问题
气候环境	就地热再生需要在现场对旧沥青路面进行加热,易受气候影响。通常情况下,寒冷季节和大风天气不适宜施工,一般要求环境温度大于15℃

2.5 本章小结

本章主要说明了沥青路面就地热再生技术的设备组成,分析了就地热再生技术的工艺

类型,总结了沥青路面就地热再生技术的适用条件,得到的主要结论如下:

(1)沥青路面就地热再生机组中主要包括加热设备、加热铣刨设备、加热复拌设备。就地热再生机组中,加热设备主要分为红外线辐射式、热风循环加热式、红外线热风并用式、微波加热式,热风循环加热式是目前的主流技术。加热铣刨设备中添加了铣刨装置,能够根据设计要求的铣刨深度对原路面沥青混合料进行铣刨,形成松散的沥青混合料回收料,并结合外加材料添加装置实现新沥青、再生剂等外加材料的定量添加。加热复拌设备用于添加一定比例的新沥青混合料,并通过提料装置将路面表层的新、旧沥青混合料输送至拌和设备中,完成再生沥青混合料的均匀拌和与出料工作。

(2)沥青路面就地热再生工艺包括表面再生工艺、复拌再生工艺以及加铺再生工艺,其中,复拌再生工艺是目前公路沥青路面养护维修过程中最常用的施工工艺。表面再生工艺不需要添加新沥青混合料,但需要添加设计质量的新沥青、再生剂等材料,实现原路面沥青混合料的再生工作。复拌再生工艺需要添加一定质量的新沥青、新沥青混合料、再生剂等外加材料,以调整原路面沥青混合料的级配,使路面恢复再生沥青混合料的性能。加铺再生工艺主要用于原路面沥青混合料质量较差难以通过复拌再生工艺恢复原沥青路面的性能的情况,需要通过加铺一层新沥青混合料来保障沥青混合料的功能性需求,与再生沥青混合料相互结合,提高整体沥青路面的耐久性。

(3)就地热再生施工机组设备庞大,且对沥青路面加热深度有限,使得沥青路面就地热再生技术能够处理的路面病害有限。就地热再生施工在路面结构强度、车辙深度、路面破损率、破损深度、沥青层厚度、沥青老化程度以及沥青含量方面有具体的要求,必要情况下需要进行预处理后方能进行就地热再生施工。此外,就地热再生施工时还需要考虑道路承载能力、沿线附属设施、净空、施工区域及气候环境等因素的影响,从而保障就地热再生技术能够有序、高效实施。

第 3 章 就地热再生技术对沥青路面典型病害的治理

3.1 概述

沥青路面是我国公路交通系统中最常见的路面结构之一。在长期使用过程中,受自然环境和交通荷载的影响,沥青路面往往会出现各种病害,影响其平整度、抗滑性能以及耐久性。由于我国各地的车辆通行情况、气候环境以及沥青混合料性能要求不同,在不同区域采用了不同类型的沥青混合料,主要包括密级配沥青混合料、开级配沥青混合料和间断级配沥青混合料。根据沥青混合料级配类型的差异,为了提高沥青路面的耐久性和表面功能性,我国还广泛应用了沥青玛琋脂碎石混合料(stone mastic asphalt,SMA)和超薄磨耗层沥青混合料(ultra-thin wearing course,UTWC)。尤其是 SMA 和 UTWC 路面,已经成为继密级配沥青混合料之后的典型路面类型。铺装后的 SMA 路面具有如下特点:抗水损能力强、抗变形能力优异、路面噪声降低、抗滑性能提高、维护成本低、车辆行驶舒适性提升,其铺装效果如图 3-1 所示。UTWC 路面的特点则包括:厚度较薄(通常约 1.5cm)、与下层路面黏结良好、施工快速、路面抗滑性能好、噪声降低以及防止雨水渗入路面结构,这些特点使得 UTWC 路面在经济和环境效益方面表现出色,其铺装效果如图 3-2 所示。

图 3-1 SMA 路面形貌特征

虽然我国采用了多种沥青混合料类型以延长道路的使用寿命并提升车辆运行的舒适性,但在长期使用过程中,各种路面在交通和环境等因素的综合作用下,都会出现诸如裂缝、变形和龟裂等病害,严重影响车辆通行的安全性。然而,我国公路沥青路面养护领域面临着养护资金短缺的问题。考虑到沥青路面材料的成本,需要采用预防性养护技术及时养护沥青路面,以保障其使用性能并提高养护资金的使用效率。

图 3-2　UTWC 路面形貌特征

沥青路面就地热再生技术是一种有效的预防性养护技术,能够充分回收利用原路面沥青混合料。在施工过程中,就地热再生技术通过对沥青路面进行加热,再利用加热铣刨机和加热复拌机在原路面沥青混合料中添加再生剂、新沥青和新沥青混合料,形成再生沥青混合料,从而恢复原路面的使用性能。随后,通过摊铺和碾压设备实现再生沥青混合料的现场压实,使路面重新恢复优良的使用性能。因此,就地热再生技术是一种高效且环保的沥青路面养护方案。

然而,尽管就地热再生技术能够恢复原沥青路面的使用性能,公路沥青路面在使用过程中仍会经历从新到旧的衰变过程,需要不断投入养护资金进行预防性养护,这导致公路沥青路面的预防性养护费用逐年增加。由此可见,从沥青路面病害成因的角度进行养护,分析就地热再生技术在处理不同沥青路面病害时的技术特征,可最大限度地发挥就地热再生技术的优势,是实现沥青路面养护费用最小化的关键。

总体而言,通过分析沥青路面的典型病害类型,结合不同沥青路面类型的特点,分析不同病害的成因,并结合就地热再生技术的适用性,总结该技术处置不同病害的方法与措施,能够有效指导就地热再生技术在不同沥青路面类型养护维修工程中的应用。

3.2　沥青路面典型病害类型与成因分析

根据工程经验,沥青路面典型病害归纳为四大类,分别为裂缝类、松散类、变形类和其他类,不同分类情况下包含的病害类型见表 3-1。

沥青路面病害分类　　表 3-1

病害分类	具体类型	病害分类	具体类型
裂缝类	横向裂缝、纵向裂缝、块状裂缝、龟裂	变形类	沉陷、车辙、波浪拥包
松散类	松散、坑槽	其他类	泛油、修补损坏面积

3.2.1 裂缝类病害

裂缝类病害主要包括横向裂缝、纵向裂缝、块状裂缝、龟裂,四种病害的外观描述与损坏程度划分见表 3-2。

裂缝类病害的具体分类、外观描述与损坏程度划分　　表 3-2

病害名称	外观描述	损坏程度	分级指标	计量单位
横向裂缝	沥青路面上与行车方向基本垂直的裂缝	轻度	缝宽≤3mm	m
		重度	缝宽>3mm	m
纵向裂缝	沥青路面上与行车方向基本平行的裂缝	轻度	缝宽≤3mm	m
		重度	缝宽>3mm	m
块状裂缝	缝隙、散落且有一定的块度	轻度	裂缝块度>1.0m,平均缝宽1~2mm	m^2
		重度	裂缝块度0.5~1.0m,平均缝宽>2mm	m^2
龟裂	缝隙、无散落,裂区无变形	轻度	裂缝块度0.2~0.5m,平均缝宽<2mm	m^2
	裂块明显,缝较宽,无或轻散落或轻质变形	中度	裂缝块度<0.2m,平均缝宽2~5mm	m^2
	裂块破碎,缝宽,散落重,变形明显	重度	裂缝块度<0.2m,平均缝宽>5mm	m^2

根据表 3-2 中的裂缝类病害类型,典型的路面横向裂缝、纵向裂缝、块状裂缝、龟裂如图 3-3 所示。沥青路面裂缝发展是一个递进的过程,沥青路面出现横向、纵向裂缝后,在交通、环境的进一步作用下,裂缝进一步发展,产生块状裂缝,直至产生龟裂,严重破坏沥青路面的总体结构。

沥青路面裂缝是多种因素综合作用的结果,不同裂缝的成因分析如下。

(1)横向裂缝

我国高等级沥青路面基本以半刚性基层为主,半刚性基层最容易产生收缩裂缝,导致沥青路面面层产生反射裂缝,这种裂缝深度比较深,一般是从沥青路面基层向沥青面层蔓延;温度的变化也会引起沥青路面横向裂缝,受昼夜温差影响,沥青路面容易发生膨胀与收缩的情况,长期作用下,沥青路面容易产生疲劳,进而形成裂缝,这种裂缝一般是从路面表层向底部蔓延;沥青路面施工过程中,施工缝的处理,接缝结合不足也容易引起横向裂缝;桥梁、涵洞两侧的填土沉降,也容易在桥梁、涵洞附近引起横向裂缝。

a) 横向裂缝　　　　　　　　　　　　b) 纵向裂缝

c) 块状裂缝　　　　　　　　　　　　d) 龟裂

图 3-3　沥青路面裂缝类病害

（2）纵向裂缝

纵向裂缝沿着沥青路面纵向延伸出现在沥青路面表面。路基路面压实度不均匀,导致车辆荷载作用下路面两侧形成不均匀沉陷,从而产生沥青路面纵向裂缝;沥青路面施工过程中,通常采用多幅摊铺的形式,容易形成施工接缝,从而导致纵向裂缝的产生;沥青路面底层路基部分结构承载能力不均匀,导致沥青路面在长期服役情况下,产生纵向裂缝;沥青混合料的配合比不当或者材料质量不合格,例如沥青混合料中的沥青含量较低、集料分布不均匀等,也可能导致沥青路面出现纵向裂缝。

（3）块状裂缝

块状裂缝主要是横向、纵向裂缝发生进一步扩展与交织行为的结果。横向、纵向裂缝形成后的扩展是块状裂缝形成的主要原因;沥青混合料材料组成不良,导致沥青混合料性能衰减较为严重,加剧块状裂缝的产生;昼夜温差的变化,导致沥青混合料发生收缩行为,从而引起块状裂缝产生;沥青路面底层基础不坚固、下沉等,也容易导致块状裂缝的产生。

（4）龟裂

龟裂是块状裂缝进一步发展的结果。沥青路面出现裂缝后,雨水等将更容易侵蚀沥青路面内部,同时在车辆荷载的作用下,沥青路面基层发生破坏,导致基层软化、稳定性下降,造成沥青路面在裂缝位置进一步出现了龟裂病害。

综上所述,沥青路面裂缝的形成是一个综合的过程,受到温度变化、交通荷载、基础问题、材料问题、水损和沥青老化等多种因素的综合影响。

3.2.2 松散类病害

松散类病害主要包括坑槽、松散,两种病害的外观描述与损坏程度划分见表3-3。

松散类病害的具体分类、外观描述与损坏程度划分　　表3-3

病害名称	外观描述	损坏程度	分级指标	计量单位
坑槽	沥青路面上出现的凹陷或者凸起的部分,通常形状不规则,有时呈现出长条状或者洞状	轻度	深度<25mm 或面积<0.1m²	m²
		重度	深度≥25mm 或面积≥0.1m²	m²
松散	路面表面细集料散失、脱皮、麻面等	轻度	—	m²
	路面表面细集料散失、脱皮、麻面、露骨、表面剥落等	重度	—	m²

根据表3-3中的松散类病害类型,典型的路面坑槽、松散病害如图3-4所示。沥青路面坑槽病害实际上是松散病害的进一步发展。

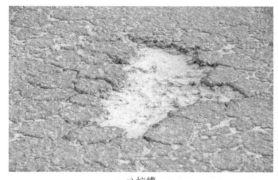

a) 坑槽　　　　　　　　　　　　　　b) 松散

图3-4　沥青路面松散类病害

沥青路面松散类病害是多种因素综合作用的结果,不同病害的成因分析如下。

(1) 松散

水损是沥青路面松散病害产生的主要原因之一,水分进入沥青路面内部过程中,将会降低沥青与集料之间的黏附性,也会造成沥青混合料中的黏结剂流失,导致沥青混合料的密实性降低,沥青路面出现松散情况;水分侵蚀沥青路面过程中,也会软化路基或者路面底层,导致路面失去支撑力,沥青路面表层出现松散病害;沥青混合料中如果含有过多的空隙、黏结剂含量不足、沥青混合料配合比不当、材料质量不合格等,也会导致沥青路面松散病害;在长期的车辆荷载作用下,沥青路面如果抗压能力不足,也容易出现松散病害;路面基层强度不足,沥青路面将会受到不均匀的压力,导致松散病害。

(2)坑槽

水损也是导致沥青路面坑槽病害的主要原因之一,水分渗入路基路面中将会软化路基或者路面底层,导致路面局部坍塌,形成坑槽;沥青路面承载能力不足时,在车辆荷载作用下,沥青路面局部容易塌陷,形成坑槽;路面基础不稳定或者存在下沉等问题,将会增加坑槽形成的风险;沥青混合料配合比不当或者材料质量不合格也容易引起坑槽病害。

综上所述,沥青路面坑槽与松散的形成具有一定的相似性,均会受到水损、交通荷载、基础问题、材料问题等的综合影响。松散病害主要表现为沥青混合料内部结构失去密实性,导致路面松散。而坑槽病害主要表现为沥青路面表面局部区域的塌陷或凹陷,形成不规则的坑槽状结构,通常是由路面表面的松软、水损、交通荷载、基础沉降等因素引起。由此可见,沥青路面出现松散病害后,随着松散病害的发展,沥青路面必将出现坑槽的情况,而坑槽病害不一定仅由路面松散引起。

3.2.3 变形类病害

变形类病害主要包括沉陷、车辙、波浪拥包,三种病害的外观描述与损坏程度划分见表3-4。

变形类病害的具体分类、外观描述与损坏程度划分　　　表3-4

病害名称	外观描述	损坏程度	分级指标	计量单位
沉陷	沥青路面表面出现的局部凹陷或下沉的现象	轻度	沉陷深度 10~25mm	m^2
		重度	沉陷深度 >25mm	m^2
车辙	沥青路面表面出现的沿车辆行驶方向形成的凹陷或凸起的痕迹	轻度	车辙深度 10~15mm	m
		重度	车辙深度 >15mm	m
波浪拥包	沥青路面表面出现的波浪状的起伏或者凸起的现象	轻度	波峰与波谷高差 10~25mm	m^2
		重度	波峰与波谷高差 >25mm	m^2

根据表3-4中的变形类病害类型,典型的沥青路面沉陷、车辙以及波浪拥包病害如图3-5所示。

其中,沥青路面车辙病害根据成因不同,分为磨耗型车辙、结构型车辙、失稳型车辙、压密型车辙四种。

磨耗型车辙主要是在车辆轮胎磨耗和环境条件的综合作用下,沥青路面表层集料颗粒逐渐剥落形成的。

结构型车辙病害主要是基层等路面结构层或路基强度不足,在交通荷载反复作用下产生向下的永久变形形成的。结构型车辙示意图如图3-6所示。

失稳型车辙是在交通荷载产生的剪切应力的作用下,路面层材料失稳,发生凹陷和横向位移形成的。此类车辙能够沿着车辙两侧观察到沥青混合料失稳横向蠕变位移形成的凸缘,常出现在车辆轮迹带内。当路面材料的强度不足以抵抗交通荷载作用于路面结构的应力时,特别是重载车辆高频率通过,沥青路面反复受到高频重载碾压时,非常容易产生失稳型车辙。常见的失稳型车辙示意如图 3-7 所示。此外,失稳型车辙主要产生于交通荷载对路面的作用时间较长的区域,常见于高速公路的进、出口,交费站或一般公路的交叉路口等减速或缓行区,非常容易引起沥青路面材料失稳,产生永久变形并发生横向位移。

压密型车辙主要是因为沥青混合料在施工过程中压实度不足,导致沥青路面在开放交通后,很容易被车辆压密形成的。

a) 沉陷

b) 车辙

c) 波浪拥包

图 3-5　沥青路面变形类病害

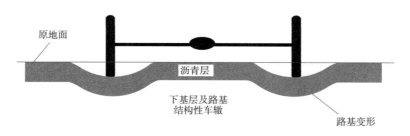

图 3-6　结构型车辙示意图

图 3-7　失稳型车辙示意图

沥青路面变形类病害是多种因素综合作用的结果,不同病害的成因分析如下。

(1)沉陷

路面基础下的土壤松软、不均匀沉降、土壤的液化等问题将会引起沥青路面整体发生沉陷的情况,这可能涉及路基设计不当、施工不规范或者路基下水位过高等原因;长期积水、排水系统不畅或者地下水位过高会导致路基土壤流失、沉陷,进而引发路面沉陷;路面基础材料质量不合格,密实度不足或者土壤承载力较低,也容易导致路面沉陷。

(2)车辙

车辆通行过程中将会在路面上施加大量压力,尤其是在交通密集的路段,导致沥青路面出现车辙的情况;路面材料的质量问题或者摊铺厚度不足会使路面无法承受车辆的荷载,从而加速车辙的形成;路面基础不坚固或者存在下沉等问题也会导致车辙的产生。

(3)波浪拥包

沥青混合料配合比不当或者材料质量不合格,如含有过多的空隙、黏结剂含量不足等,导致路面在车辆通行过程中出现波浪拥包病害;沥青混合料摊铺和压实工艺不当,导致路面沥青混合料摊铺不均匀或者压实不足,容易使路面形成波浪拥包;高温天气下,沥青混合料可能变得柔软,如果此时车辆通行或者施工,就容易形成波浪拥包;路面基础不坚固或者存在下沉等问题也可能导致波浪拥包病害的产生。

综上所述,沥青路面变形类病害的形成涉及交通荷载、材料问题、水损、基础问题、施工质量等多个方面。沥青路面沉陷病害通常是产生基础问题为主导因素,沉陷位置的路面基础通常会面临土壤松软、不均匀沉降、土壤的液化等问题。交通荷载是引起路面车辙的主控因素,同时还需要考虑路面材料及路面结构组合是否具有较高的抗变形能力,能够抵抗车辆在运行过程中给沥青路面带来的巨大压力,否则将很容易在沥青路面形成车辙。施工质量问题是引起波浪拥包病害的主导因素,如摊铺和压实工艺不当,造成沥青混合料摊铺不均匀、压实不足等问题,使得沥青路面在车辆通行过程中呈波浪状。

3.2.4　其他类病害

其他类病害主要包括泛油、修补两种,两种病害的外观描述见表3-5。根据表3-5中两种病害的描述,典型路面泛油、修补病害如图3-8所示。

其他类病害外观描述　　　　　　　　　表 3-5

病害名称	外观描述	计量单位
泛油	沥青路面表层呈现沥青膜,具有发亮、镜面的效果,常伴有轮印	m^2
修补	裂缝、坑槽、松散、沉陷、车辙等损坏的修复	块状修补的计量单位为 m^2,条状修补的计量单位为 m

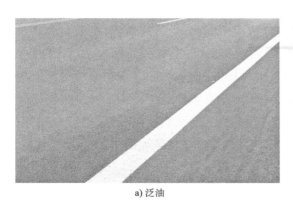
a) 泛油

b) 修补

图 3-8　沥青路面其他类病害

沥青路面其他类病害也是多种因素共同作用的结果,不同病害的成因分析如下。

(1) 泛油

沥青混合料设计与生产过程中沥青材料选择不当,在高温环境下易流动,导致沥青容易从沥青混合料中流出,形成泛油;沥青混合料施工过程中,当施工沥青混合料温度过高时,摊铺压实阶段沥青更容易流动,导致碾压过程中大量沥青胶浆向表面渗出,产生泛油情况;高温的气候条件下,沥青表面将更容易软化,特别是夏季,太阳辐射会使路表温度大幅升高,导致沥青泛油;过大的交通荷载作用,将会加速沥青混合料的变形和流动,导致沥青在高温下更容易渗出,形成泛油的情况;沥青混合料材料组成设计中,沥青含量过高或集料级配不合理,也会增加沥青路面出现泛油的风险。

(2) 修补

修补主要是建立在其他病害的基础上,通过局部日常养护的手段,对一些沥青路面病害进行处理,导致沥青路面表层存在养护的痕迹。

综上所述,沥青路面泛油和修补病害的产生原因多种多样,既有材料和设计方面的不足,也受施工质量和外部环境的影响。

3.3　就地热再生工艺治理沥青路面典型病害的方法与措施

沥青路面就地热再生技术是采用专用的就地热再生设备,通过现场加热、铣刨,就地掺入一定比例的新沥青、新沥青混合料、再生剂等材料,经过现场拌和、摊铺、碾压形成再生沥青路面的技术。就地热再生处治沥青路面的深度一般不超过60mm,有限的处治深度,导致就地热再生技术对路面病害的处理受到限制。下面将根据不同病害的特点,总结不同路面病害类型的就地热再生处理的方法与措施。

3.3.1 裂缝类病害处治

裂缝类病害是沥青路面常见的病害,根据裂缝成因不同,分为反射裂缝、温缩裂缝以及路面承载力不足形成的裂缝。

对于反射裂缝,其从路面基层向面层反射,表现为上窄下宽的特点。反射裂缝的深度比较大。根据反射裂缝反射的层位,可分为完全反射裂缝,即基层横向裂缝反射到路表面可见;反射到面层裂缝,即基层横向裂缝已反射到沥青面层中,尚未到道路表面;基层裂缝,即基层已发生横向开裂,尚未扩展进入沥青面层。不同反射裂缝的特征如图3-9所示。

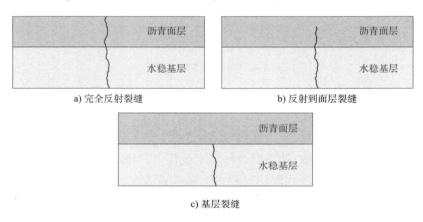

图3-9　不同反射裂缝示意图

温缩裂缝从路面表层向路面底层发展,其特征为上宽下窄。温缩裂缝的深度随发展的时间而变化,常分布在沥青路面的结构深度内。因路面承载能力不足而形成的裂缝,主要是在车辆荷载作用下,由于路面基层向下沉陷,进而导致路面表层出现裂缝。这种裂缝的形态,包括深度与宽度,与路面基层的状况相关。

不同特征的裂缝,其所在路面结构层内的深度不同。此外,通过调查研究,江西省高等级道路的沥青路面的路面结构层基本为 4cm AC-13 + 6cm AC-20 + 8cm AC-25 的形式。针对该路面结构形式,沥青路面就地热再生技术常用于表面层沥青路面再生,仅限于处治深度在4cm厚度范围内的病害。由此可见,对于路面裂缝类病害,就地热再生技术并不能实现完全修复,其主要作用是恢复沥青表层的功能性。

在处治路面裂缝类病害时,应首先确定裂缝病害的深度,并分析其是否处于就地热再生设计处治的深度范围内。对于那些位于就地热再生处治深度范围内的裂缝,宜采用就地热再生技术进行施工,以消除裂缝病害并恢复路面表层的功能特性。

深度较大的裂缝病害,宜采用单缝处治的方式,对每个裂缝进行单独的铣刨,铣刨深度一般为沥青路面的上、中面层,并铺设30cm宽的抗裂贴/聚酯玻纤布,再按照结构类型回补沥青混合料,最后采用就地热再生技术对路面表面层进行施工。该方式能够延缓裂缝向沥青路面表面层发展,达到延长就地热再生沥青路面使用寿命的目的。

对于龟裂病害,首先应调查路面基层是否受损。当路面基层出现松散时,首先应铣刨部分深度的松散基层结构,再用沥青混合料进行回填;对于基层出现块裂且块裂大于2m的路段,基层可不做铣刨处理,而是采用满铺抗裂贴/聚酯玻纤布的形式铺满基层表面,之后再回填沥青混合料;当基层出现块裂且块裂小于2m时,应铣刨一定深度的基层,之后再回填沥青混合料。最后,采用就地热再生技术进行表面层整体施工。铣刨回补采用沥青混合料主要是考虑水稳基层材料形成强度需要较长的养护时间,而沥青路面养护工程不能因为局部病害的处理耽误大量的时间。

3.3.2 松散类病害处治

松散类病害主要包括坑槽和松散,其特征在于,受交通荷载和环境等因素影响,沥青混合料中的粗细集料易发生分离和散失,导致沥青结合料的黏结力下降或丧失。当沥青与集料之间的黏结力下降时,路面在行车荷载作用下容易变得松散。根据松散状态的不同,松散病害可分为表面脱皮、麻面和表层集料剥落等。之后,在雨水等综合因素的作用下,路面松散病害进一步发展,最终形成坑槽病害,影响行车的安全性和舒适性。由此可见,松散病害是坑槽病害产生的基础。

松散病害主要发生在沥青路面的表面层,而坑槽病害则视病害程度的不同,不仅会出现在表面层,还可能延伸到中面层等路面结构。

对于松散类病害,轻微程度时传统养护工艺常采用雾封层技术,通过沥青的渗透提高表面集料之间的黏结性。然而,使用封层可能会降低原路面的抗滑性能,并且封层与原路面沥青层之间的黏结性可能较差,导致使用过程中封层容易剥落。对于面积较大、程度较严重的松散病害,通常采用铣刨重铺的方法。尽管铣刨重铺能有效处理松散病害,但施工时间较长,也会产生大量沥青混合料回收料,造成资源浪费,并且养护作业工作量大。此外,铣刨重铺过程中会产生新旧沥青混合料之间的冷接缝,影响道路整体结构的使用寿命。

沥青路面就地热再生技术适用于松散类病害的处治。对于大面积的松散病害,采用表面再生或复拌再生技术,可以实现再生沥青混合料层与原路面下承层之间的良好热黏结,避免层间黏结不良问题,提高路面结构层的抗剪强度。对于表面层出现坑槽的沥青路面,如果坑槽深度仅限于表面层,应清除坑槽中的杂物,然后进行就地热再生施工;如果坑槽深度较大,已经蔓延至表层以下,应先进行局部铣刨重铺,铣刨深度为坑槽所蔓延的结构层深度,最后采用就地热再生技术进行统一处理。对于由基层原因引起的松散病害,应先采用注浆方法对路面基层进行加固,然后对被浆液污染的表层进行铣刨重铺,最后进行就地热再生施工。

与传统铣刨重铺的养护方式相比,采用就地热再生技术进行路面松散类病害的处治,能够避免冷接缝的产生,且能够充分利用原路面沥青混合料回收料,具有良好的经济与环境效益。此外,就地热再生施工过程中还能够对松散类病害所在的原路面沥青混合料材料组成进行调整,改善重铺后路面的使用性能,提高沥青混合料的路用性能。

3.3.3 变形类病害处治

变形类病害主要包括沉陷、车辙、波浪拥包。沉陷、车辙是我国高等级沥青路面中常见的病害,波浪拥包主要发生在高等级路面交叉口位置。变形类病害将会严重影响交通通行安全、舒适的要求。

(1)沉陷

沉陷主要包括局部路面沉陷以及桥头跳车。局部路面沉陷将会形成在几十米的长度范围内,近似为弧形,中间部分的沉降深度达到几厘米或者数十厘米。对于局部路面沉降病害,常在沉陷起、终点铣刨表面层端头,之后采用沥青混合料分层回补至原路面设计高程,不同沥青层摊铺过程中需要洒布粘层油。此外,沉降路段需要根据基层结构强度的差异判断是否采用注浆的方式进行基层加固处理,若采用注浆处理的方法,应采用铣刨的方式彻底清除表面层沥青混合料,并清除残留的注浆材料,之后采用沥青混合料分层回补至原路面设计高程。江西省典型路面沉降病害处治方案如图3-10所示。

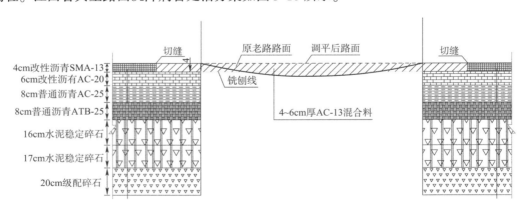

图3-10 路面沉降病害处治方案

对于桥头跳车病害,主要是行车荷载反复作用下桥头台背处的填料和填土发生固结所产生的竖向变形,导致桥台构造物与台背路堤之间出现较大的沉降差,在台背附近的纵断面行车路线出现突变。桥头跳车严重影响行车安全,也很难完全消除,需要根据桥头跳车的情况进行定期修复。通常,桥头跳车采用注浆工艺对路面基层进行加固处理,之后采用铣刨重铺的方式清理表面层沥青混合料以及注浆材料,再采用沥青混合料回补至原路面设计高程。

无论是局部路面沉陷病害还是桥头跳车病害，沉陷的纵断面均是从起点开始沉降量逐渐增加后减小至基本为零。沉陷病害处治的过程中，为保证沉陷区域横断面处治的平顺性，表面层均是全幅处理，防止接头位置出现高差，影响通行安全。

沉陷病害处理通常采用铣刨起、终点端头，使其达到最小的摊铺厚度要求，然后根据沉陷的深度，分层回补沥青混合料至设计高程的方案。在处理沉陷过程中，如有必要，可采用注浆加固路面基层，以延缓后期沉陷的产生速率。考虑到沉陷病害需要全幅处理以及铣刨后分层回补的特点，这种工艺在处理过程中需要长时间封闭交通，影响道路车辆通行。铣刨回补的方法不仅施工周期较长，还可能导致新沥青层与原路面沥青层之间黏结性不良，形成薄弱的黏附界面。在高速公路等重要路段的施工过程中，全幅施工需分车道进行，以保证车辆通行，但这会导致不同车辆施工的沥青层之间产生层间黏结性不良的情况，形成纵向弱接缝。弱接缝的出现容易引起沥青路面病害，进而影响沥青路面的使用寿命。

沥青路面就地热再生技术能够充分利用原路面沥青混合料，并且能够现场添加一定比例的新沥青混合料，实现回补沉陷位置沥青路面材料的目的。此外，沥青路面就地热再生在施工过程中，虽然还会面临分车道施工的情况，但是不同车道之间纵向接缝在就地热再生机组加热作用下形成热接缝，能够保证施工后沥青路面不会存在弱黏结的情况。

采用就地热再生技术处理路面沉陷时，首先需要确定施工范围，计算设计高程与沉陷位置的高度差，并评估所需的新沥青混合料量；然后，逐桩计算高差值，确定摊铺基准高程线，并控制松铺系数；接着，利用就地热再生机组对原路面进行加热和翻松处理，起、终点的翻松厚度应达到最小摊铺厚度，再添加再生剂、新沥青和新沥青混合料，拌和形成再生沥青混合料；最后，根据设计的摊铺高程进行再生沥青混合料的摊铺和碾压。当就地热再生分车道施工时，应对已完成的路面进行部分加热和铣刨处理，以确保两车道之间的再生沥青混合料没有纵向弱接缝。

然而，需要注意的是，当路面的沉陷深度达到 10cm 以上时，就地热再生施工过程中直接摊铺的再生沥青混合料将会面临难以碾压至设计压实度的情况。为此，针对沉陷深度较大的路段，建议采用铣刨与分层回补新沥青混合料的形式进行处理。

总体来说，在处理较浅的路面沉陷病害时，从施工工艺、经济效益、交通影响、环保与社会效益方面综合分析，就地热再生技术是较为推荐的方案。

（2）车辙

车辙是我国沥青路面最主要的病害形式。在行车过程中，车辆的起动与制动、沥青路面结构温度场、车辆轮胎与路面之间的接触时间均与车辙的产生有关。此外，沥青混合料的材料组成、沥青路面结构对车辙的产生也有重要的影响。

为控制车辙的产生，常通过路面结构组合优化、路面材料级配优化、改性沥青材料应用等来改善结构层、沥青混合料的抗车辙能力。然而，对于沥青路面养护工程来说，路面车辙的处理已经不能改变路面结构组合，仅能从级配优化以及使用改性材料方面改善沥青混合料性能,达到延缓路面车辙产生速率的目的。

对于车辙较浅(小于10mm)的沥青路面,微表处技术是进行轻微车辙处治常采用的技术,也是一种快捷、经济,能够改善路面表层抗滑性能的处理方式。微表处施工工艺较为简单、成本较低、污染较小,能够改善原沥青路面表面的磨损、老化、松散以及抗滑性能不足的状况,对车辙也有一定的处治效果。微表处施工如图3-11所示。然而,微表处能够处理的车辙深度有限,应用效果受到原路面技术状况影响显著,在使用过程中将会产生剥落的病害,行车舒适性将会降低。此外,还可以采用薄层罩面的形式处理路面轻微车辙,这也是我国高速公路沥青路面常用的一种养护技术,能够显著地改善沥青路面的通行安全性与舒适性。然而,薄层罩面对原路面、沥青混合料集料、沥青等要求较高,在施工过程中通常采用全幅摊铺的形式,导致薄层罩面施工过程中需要全封闭施工,且施工成本较高。

传统常用铣刨重铺的方式进行路面车辙的处理,这种方法适用于处治各种深度车辙的沥青路面。在铣刨重铺施工过程中,首先需要评估车辙产生的结构层,并确定铣刨深度,通常与车辙所在横断面上的波浪形曲线位置相对应的沥青路面结构层深度一致,如图3-12所示。例如,当车辙深度位于沥青路面表面层内时,铣刨深度应为表面层的深度;当车辙深度位于中面层内时,铣刨深度应为中面层所在深度;以此类推。不同结构层之间铣刨时,需要设计铣刨台阶,以便分层摊铺沥青路面。根据设计的铣刨深度,分层回补并压实沥青混合料,以完成对路面车辙的处理。对于失稳型车辙,铣刨重铺基本也按照上述方法进行处理。尽管传统的铣刨重铺工艺能够有效处理不同深度的车辙,但这种方法需要的施工周期较长,在施工过程中也会面临需要根据铣刨深度的差异多次喷洒粘层油,并对较深的车辙进行多次摊铺的情况。此外,铣刨重铺过程中还可能导致新沥青混合料与旧路面之间层间黏结不良的情况,形成弱接缝以及薄弱界面,降低路面层间抗剪能力,影响道路的使用寿命。总体来说,铣刨重铺是一种有效的车辙处理方式,但它在经济性以及环保方面存在不足。

图3-11 微表处施工

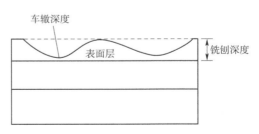

图3-12 铣刨路面结构层示意图

车辙的产生通常可以认为是沥青混合料的抗变形能力较低,而沥青老化后恰能增强沥青混合料的抗变形能力。因此,采用就地热再生技术进行路面车辙处治过程中,不仅能够处理车辙病害,也能够通过使用原路面沥青混合料中的老化沥青提高再生沥青混合料的抗变形能力。

对于压密型车辙以及磨耗型车辙,车辙深度通常在沥青路面表面层深度范围内。就地热再生施工过程中,可以充分利用原路面在车辆荷载作用下轮迹带上所吸收的压实功。就地热再生施工时,仅对表面层深度范围内的原路面沥青混合料进行加热、铣刨,再现场掺入设计比例的补充车辙深度的新沥青混合料、再生剂和新沥青等,然后经过摊铺、碾压等工艺,完成对沥青路面车辙的处理。对于失稳型车辙,就地热再生施工前,应对车辙波峰位置进行铣刨处理,铣刨至原路面高程,以方便就地热再生机组加热。之后采用与压密型车辙以及磨耗型车辙相同的工艺,完成失稳型车辙的处理。对于结构型车辙,由于车辙深度较大,就地热再生技术无法有效处理,建议采用铣刨重铺的方法对路面结构层进行整体处治。

在处治路面车辙时,就地热再生技术还可以优化原路面的沥青混合料级配,提高沥青混合料的抗变形能力。通过改变铺装路面的高程,能够增加再生沥青混合料中外加新沥青混合料的比例,达到改变再生沥青混合料级配的目的。例如,将原有的4cm AC-13 沥青路面级配改变为6cm AC-16,这不仅优化了再生沥青混合料的级配,还能充分利用老化沥青,提高再生沥青混合料的承载能力。

(3)波浪拥包

沥青路面的波浪拥包通常发生在高等级沥青路面的交叉口位置,主要由于车辆起动和制动时轮胎与路面之间的剪切力增大,超过了沥青混合料的抗剪能力,导致沥青混合料出现波浪拥包现象。

对于局部波浪拥包的专项处治,建议采用铣刨重铺的方式,主要是因为就地热再生机组施工需要占用大量的空间,局部波浪拥包的处理采用就地热再生技术的经济效益不明显。对于大范围的波浪拥包路面病害,首先需要采用铣刨设备对波浪拥包进行铣刨,铣刨至原路面设计高程位置。之后采用就地热再生机组进行加热、铣刨,现场掺入一定比例的新沥青、新沥青混合料、再生剂等,经现场拌和、摊铺与碾压,形成再生沥青路面,完成对波浪拥包病害的处理。此外,波浪拥包病害产生的主要原因是路面材料抗剪能力较差,因此要提高再生沥青混合料的抗剪能力,可采用添加高模量剂、抗车辙剂等材料提高再生沥青混合料的抗变形能力,实现良好的就地热再生处理效果。

3.3.4 其他类病害处治

其他类型的病害主要包括沥青面层泛油和沥青路面表层修补病害。沥青路面泛油病害通常是沥青混合料配合比设计不当造成的,常表现为沥青含量过高或矿料级配过细的特点。这将导致沥青混合料中有较多的游离沥青胶浆,在交通荷载过大和高温的情况下容易迁移到路面表层,呈现出泛油现象。路面泛油将会降低路面的抗滑性能,导致行车安全性能下降。对于局部路面泛油,常采用铣刨重铺的方法处理表面层沥青混合料;对于大面积路面泛油,常采用微表处、超薄罩面的方法进行处理,以达到提高路面抗滑性能的目的。

修补病害主要采用日常养护技术进行局部处理。例如：沥青路面裂缝采用灌缝处理；松散、沉陷、车辙等局部病害，日常养护过程中会采用切割机、风镐、修路王等设备将病害位置挖除，之后填补沥青混合料，达到局部病害养护的目的。修补病害在日常养护过程中基本已经被控制，病害深度基本分布在沥青路面表面层。

总体来说，其他类病害基本分布在沥青路面表面层，与铺装新的结构层或者采用铣刨重铺的方式相比，就地热再生技术在充分利用原路面沥青混合料情况下，将会更具有经济、环保的优势。因此，建议采用就地热再生技术对大范围的其他类病害进行处理。

采用就地热再生技术处治泛油病害时，施工前需要测试原路面材料组成是否满足设计要求以及当地交通的通行需求。在原路面沥青混合料材料组成偏细或者沥青含量较高的情况下，建议提高路面摊铺高程，以实现增加外加新沥青混合料添加比例，达到显著改变再生沥青混合料材料组成的目的。若原路面沥青混合料材料组成满足设计要求及当地交通通行需求，采用就地热再生技术对原路面进行加热、铣刨，现场掺入一定比例的新沥青、新沥青混合料、再生剂等，再经过摊铺、碾压形成再生沥青路面，达到处理泛油病害的目的。此外，对于泛油的路段，就地热再生施工过程中还可以考虑添加一定比例的抗车辙剂或者高模量剂，提高再生沥青混合料的抗变形能力，降低后期使用过程中沥青胶浆在再生沥青混合料中流动的能力，达到延缓泛油病害再次产生的目的。

采用就地热再生技术处治修补病害，应分别按照本节就地热再生技术在处治裂缝类病害、松散类病害以及变形类病害中的要求进行施工。

3.4 本章小结

本章主要分析了沥青路面典型病害的类型与成因，并从就地热再生技术适用性角度提出了不同路面病害类型的就地热再生施工处治方案与措施，得到的主要结论如下：

（1）根据沥青路面不同病害的类型，结合《公路技术状况评定标准》（JTG 5210—2018）中病害统计类型要求，能够将沥青路面病害分为裂缝类、松散类、变形类以及其他类病害。裂缝类病害主要包括横向裂缝、纵向裂缝、块状裂缝、龟裂；松散类病害主要包括坑槽、松散（细集料散失、脱皮、麻面、露骨、表面剥落等）；变形类病害主要包括沉陷、车辙、波浪拥包；其他类病害主要包括泛油以及修补。

（2）就地热再生技术能够用于处理上述病害，但在处理前，需要分析病害产生的深度，对于超出就地热再生处治深度范围的病害以及就地热再生不能有效处治的病害（深层的反射裂缝或者路面基层引起的病害等），建议对病害先进行预处理，之后采用就地热再生技术处理路面表层病害。

第4章 就地热再生沥青混合料材料组成设计关键技术

4.1 概述

沥青混合料材料组成设计在沥青路面设计中至关重要。合理的沥青混合料材料组成设计直接影响路面的质量、耐久性、安全性和经济效益。在保证沥青路面性能方面,合理的材料组成设计能确保混合料具有足够的强度,降低车辙和裂缝等病害产生的风险;优化配合比可以提高抗劈裂性能,延长道路寿命;合理的材料组成设计还可以增强路面的耐候性。在提高施工质量方面,合理的材料组成设计使混合料具备良好的施工和易性,便于现场施工,确保施工后路面的平整度和压实度;通过选择合适的沥青和集料,确保两者之间的良好黏附性,避免施工过程中的离析现象,从而提高路面的施工质量。在保障通行安全性方面,合理的矿料级配与沥青含量设计能够提高沥青路面的抗滑性能,提高雨天行车的安全性;通过优化沥青混合料矿料级配,设计大空隙的沥青混合料能够增强路面的排水性能,减少路面积水现象,提高轮胎的抓地力。在经济效益方面,通过科学地设计沥青混合料材料组成,最大限度地利用废旧材料进行沥青混合料的生产利用,能够降低沥青混合料的生产成本;通过合理地设计沥青混合料材料组成,能够提高沥青路面的耐久性,延长沥青路面的养护维修时间,延缓病害产生的速率,降低全寿命周期内沥青路面的养护成本。在环境保护方面,优化沥青混合料的材料组成,尽量减少沥青/集料的浪费,能够减少沥青/集料的用量,保护不可再生资源;采用废旧材料设计与生产沥青混合料,能够减少废旧材料堆放等对环境、土地、水资源等的浪费和污染,减少能源消耗。

为合理设计沥青混合料的材料组成,对于普通热拌沥青混合料,通常会从集料和沥青等材料的来源和质量方面进行控制,并通过科学的配合比设计方案,筛选出满足施工需求的沥青混合料配合比。随后,通过室内试验和工程应用,分析沥青混合料的性能及应用效果是否符合设计要求,确定最佳的材料组成。然而,对于就地热再生沥青混合料,与普通热拌沥青混合料相比,现场加热、拌和、摊铺与碾压的工艺导致其材料基本上源于原沥青路面。原沥青路面受到新建标段、原设计材料类型、养护历史、病害程度与分布等因素的显著影响,其材料组成容易出现明显的变化。即使是相邻的施工路段,原沥青路面材料的组成也可能存在显著差异。与普通热拌沥青混合料均采用新材料且新材料性能均匀性较高的情况相比,就地热再生沥青混合料的材料组成设计需要考虑的因素更加复杂。

根据《公路沥青路面再生技术规范》(JTG/T 5521—2019)中关于就地热再生沥青混合料材料组成方面的表述,就地热再生沥青混合料材料组成包括原路面沥青混合料、新集料、新沥青、再生剂等外加剂。对于采用表面再生工艺的就地热再生施工路段,再生沥青混合料材料组成需要确定再生剂、新沥青用量;对于采用复拌再生以及加铺再生工艺的就地热再生路段,就地热再生材料组成设计需要确定再生剂用量、外加新沥青混合料级配与沥青含量、外加新沥青混合料比例以及就地热再生施工过程中需要添加新沥青的比例。由此可见,就地热再生材料组成设计过程中需要考虑两个重要变量。首先,需要考虑原路面材料组成的波动对再生沥青混合料材料组成设计的影响。其次,需要考虑在不同施工路段中外加新沥青混合料比例的差异。

然而,现行规范中在就地热再生沥青混合料材料组成设计方面仅提出了指导意见,并没有作出具体的要求,尤其在考虑原路面材料组成波动以及外加新沥青混合料比例变化的情况下。因此,根据就地热再生施工过程中将会面临的复杂技术状况,考虑就地热再生施工过程中施工质量稳定性以及材料组成设计合理性,提出就地热再生沥青混合料材料组成设计关键技术,对指导就地热再生技术的科学应用具有重要的作用。

4.2 就地热再生工艺设计流程

就地热再生技术包括三种不同的再生工艺类型,这些工艺对路面病害的处理深度和其他条件都有特定的限制。因此,在进行就地热再生施工前,需要对施工段进行详细的现场调研,分析该技术的适用性和可行性。通过对现场进行详尽的调查,确定最适合的就地热再生工艺类型,随后进行再生沥青混合料的设计,并开展具体的现场施工工作。就地热再生工艺的设计流程如图4-1所示。

4.2.1 现场调研

现场调研包括资料调查、沥青路面病害调查、沥青路面技术状况评价,具体内容如下。

(1)资料调查

原始设计资料:沥青路面在长期使用过程中会经历多次日常维护或预防性养护。调研新建阶段的路面设计资料,可以帮助制订施工方案,并对施工路段进行合理划分。

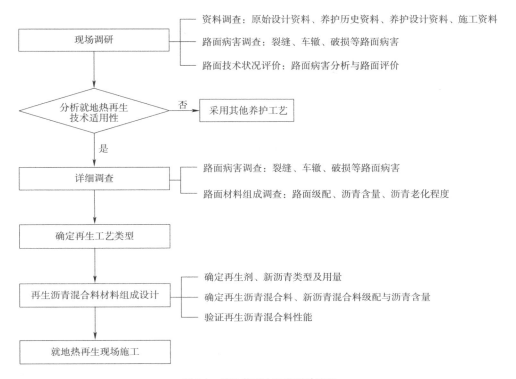

图 4-1 就地热再生工艺设计流程

养护历史资料:调查沥青路面的养护历史,分析以往的养护和维修方式、养护记录以及定期路况检查资料。通过对比施工桩号的不同,了解各路段的养护历史特征和方案差异,这有助于针对不同的养护历史分布路段,设计出具体的养护方案。

养护设计资料:调查养护设计资料,可以了解就地热再生设计施工路段的分布情况,从而根据不同施工路段的特点,制订相应的施工计划。

施工资料:主要包括路面各个结构层的类型、厚度,所使用的沥青混合料种类、集料类型,沥青混合料级配和沥青含量等。

此外,在现场调研过程中,还可能涉及气候资料的收集,以便根据气候变化安排详细的施工进度计划。

(2)沥青路面病害调查

路面病害调查对确保道路安全、延长路面使用寿命、降低维护成本以及提高驾驶舒适性都具有重要意义。沥青路面病害调查在沥青路面养护方案设计阶段展开,同时在日常巡检过程中,也会不定期对路面病害进行调查。通常,根据不同类型的沥青路面病害,会使用多功能路况快速检测系统(图 4-2)调查沥青路面的平整度、车辙深度以及路面破损情况。

沥青路面的抗滑性能通常采用路面横向力系数测定仪进行检测,如图 4-3 所示,并使用横向力系数指标来评价。

图4-2 多功能路况快速检测系统集成车

图4-3 路面横向力系数检测车

沥青路面的结构强度则以弯沉指标表示,检测时通常使用落锤式弯沉仪,如图4-4所示。

针对路面内部深层病害,常采用三维探地雷达(图4-5)检测路面下方的结构情况,评价地基的稳定性、沥青各结构层之间层间接触特性以及水平面的变化情况。

图4-4 落锤式弯沉仪

图4-5 三维探地雷达

通过上述四种检测技术,能够实现对沥青路面结构全方位的检测。公路技术状况检测主要包括路面损坏、平整度、车辙、跳车、磨耗、抗滑性能以及路面结构强度七项内容,通常以1000m路段长度为基本检查单元,按照路面上行、下行方向分别进行检测与调查,二、三、四级公路可不分上下行。沥青路面公路技术状况检测与调查的频率见表4-1。沥青路面检测过程中,对于不具备自动化检测条件、不能开展自动化检测的路段,可采用人工调查的方式。

沥青路面技术状况检测与调查频率　　　　表4-1

检测与调查内容	检测与调查频率	
	高速公路、一级公路	二、三、四级公路
路面损坏	1年1次	1年1次
路面平整度	1年1次	1年1次
路面车辙	1年1次	

续上表

检测与调查内容	检测与调查频率	
	高速公路、一级公路	二、三、四级公路
路面跳车	1年1次	
路面磨耗	1年1次	
路面抗滑性能	2年1次	
路面结构强度	抽样检测	
路基技术状况指数(SCI)	1年1次	
沿线设施技术状况指数(TCI)	按现行标准规范的有关规定执行	
桥隧构造物技术状况指数(BCI)	1年1次	

注:1. 路面结构强度为抽样检测指标,最低抽样比例不得低于公路网管养里程的20%。
　　2. 路面磨耗与路面抗滑性能为二选一指标,在检测与调查中二选一。

沥青路面病害进行自动化检测与调查时,路面破损、路面平整度、路面车辙、路面跳车、路面磨耗、路面抗滑性能应每10m计算1个统计值,表征路面结构强度应每20m计算1个统计值。然而,采用人工调查的方式进行沥青路面损坏调查时,应以100m为统计单位,每一个调查单元计算一个损坏面积。

(3)沥青路面技术状况评价

通过路面技术状况评价能够分析路面当前所处的服役状态,是判断路面是否需要进行养护的重要依据。沥青路面技术状况评价方法详见4.3节中的内容,在此不作论述。

4.2.2　就地热再生施工路段详细调查

当确定采用沥青路面就地热再生技术进行养护后,就地热再生现场施工技术人员以及检测人员将会进行详尽的路面调查。路面调查主要包括就地热再生施工路段病害调查和施工路段沥青路面材料组成调查。

(1)路面病害调查

就地热再生现场施工技术人员会根据养护方案设计的施工路段进行实地勘察,调查施工路段沥青路面病害的分布情况,包括位置、类型、面积以及严重程度等。根据就地热再生技术的治理效果,分析施工段中的路面病害是否能够通过就地热再生技术得到有效处理。对于就地热再生技术无法有效处理的路面病害分布路段,设计预处理方案,以确保就地热再生全过程施工的效益最大化。

针对不同沥青路面病害的发展程度,是否需要采用预处理方案、判断标准以及预处理方案类型选择详见3.3节中的内容。

(2)沥青路面材料组成调查

沥青路面材料组成包括原路面沥青混合料级配、沥青含量、沥青老化程度指标。通常情况下,超车道和应急车道的交通荷载较行车道的较低,在道路长期运营期间,超车道和应急车道的沥青路面受到的破坏较小。因此,通过分析超车道、应急车道、行车道之间的沥青混合料材料组成差异,能够判断养护路段沥青路面材料特征,也便于设计再生沥青混合料材料组成。因此,建议施工段沥青路面取样过程中采用图4-6方案,对行车道、超车道、应急车道的沥青路面同时取样。

通常情况下,采用钻芯取样的方式获取沥青路面样品。虽然这种方法在实际施工过程中效率较高,但不可避免地会破坏原沥青路面中的集料,从而影响沥青路面集料级配测试的准确性。因此,在条件允许的情况下,建议采用沥青路面养护车(图4-7)进行原路面沥青混合料的获取工作。沥青路面养护车一般具备红外线辐射装置、沥青混合料拌和装置以及沥青混合料碾压设备,通过红外线辐射装置实现对路面表面层的有效加热,方便施工人员将表面层沥青混合料耙松,获取无集料破碎的完整级配的沥青混合料。此外,沥青混合料拌和设备能够加工沥青混合料,并结合碾压设备,方便在原路面样品获取路段进行及时有效的初步维修。

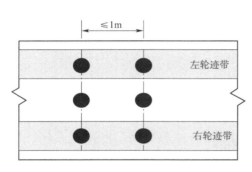

图4-6 取样方案

图4-7 沥青路面养护车

对于获取的原路面芯样,采用加热的方式将待养护的表面层沥青混合料与其他面层分离;之后,采用全自动沥青混合料抽提仪将沥青混合料表面的老化沥青与集料分离,结合筛分的方法测试集料的级配;最后,采用旋转蒸发的方法将沥青溶液中的溶剂与老化沥青分离,获得原路面老化沥青,用于老化沥青性能测试。通常,老化沥青性能测试内容主要包括25℃针入度指标、黏度、高低温流变性能等,评价老化沥青的物理与流变性能。

4.2.3 再生沥青混合料材料组成设计

以复拌再生沥青混合料材料组成为例,通过统计得到复拌再生沥青混合料材料组成如图4-8所示。

根据图4-8中再生沥青混合料材料组成,就地热再生沥青混合料设计过程中需要进行老化沥青再生试验确定再生剂的用量以及再生剂的使用类型;确定外加新沥青混合料比例、外加新沥青混合料的级配与沥青含量;确定就地热再生沥青混合料的级配与沥青含量,并计算外加新沥青用量。上述内容将会在4.4节沥青再生剂用量分析、4.5节外加新沥青用量分析与计算以及 4.6 节就地热再生沥青混合料配合比设计关键技术中分别进行详细论述。

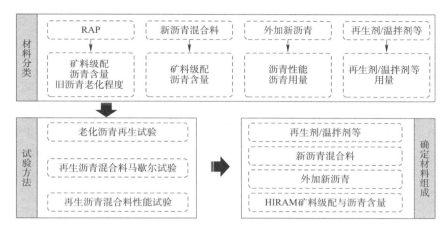

图 4-8 就地热再生沥青混合料材料组成

4.3 沥青路面技术状况评价与分析

原路面技术状况评价是养护方案设计过程中判断是否能够采用就地热再生技术施工的依据。沥青路面技术状况评价建立在路面病害调查数据的基础上,主要包括路面破损状况调查、路面平整度与抗滑性能检测、路面强度检测三个方面。采用 4.2.1 节检测方案分别进行路面破损状况调查、路面平整度与抗滑性能检测、路面强度检测。在路面破损状况调查阶段,按照《公路技术状况评定标准》(JTG 5210—2018)中路面破损情况调查要求,详细记录沥青路面裂缝类、松散类、变形类、其他类病害的数量、严重程度以及分布位置信息。

4.3.1 路面技术状况评定指标

采用路面技术状况指数(pavement maintenance quality index,PQI)评价路面技术状况,主要包含七个方面,分别为路面损坏状况指数(pavement surface condition index,PCI)、路面行驶质量指数(pavement riding quality index,RQI)、路面车辙深度指数(pavement rutting depth index,RDI)、路面跳车指数(pavement bumping index,PBI)、路面磨耗指数(pavement surface wearing index,PWI)、路面抗滑性能指数(pavement skidding resistance index,SRI)、路面结构强度指数(pavement structure strength index,PSSI)。

根据不同沥青路面技术状况评定指标,采用优、良、中、次、差五个等级划分指标评价结果,评定等级见表 4-2。

路面技术状况分项指标等级划分标准 表4-2

评定指标	优	良	中	次	差
PQI、PCI、RQI、RDI、PBI、PWI、SRI、PSSI	≥90	≥80，<90	≥70，<80	≥60，<70	<60

注：高速公路 PCI 等级划分标准，"优"应为 PCI≥92，"良"应为 80≤PCI<92，其他等级划分保持不变。

4.3.2 路面技术状况评定方法

沥青路面技术状况采用路面技术状况指数 PQI 评定，计算如式（4-1）所示。

$$PQI = \omega_{PCI}PCI + \omega_{RQI}RQI + \omega_{RDI}RDI + \omega_{PBI}PBI + \omega_{PWI}PWI + \omega_{SRI}SRI + \omega_{PSSI}PSSI \quad (4-1)$$

式中：ω_{PCI}、ω_{RQI}、ω_{RDI}、ω_{PBI}、ω_{PWI}、ω_{SRI}、ω_{PSSI}——评价指标 PCI、RQI、RDI、PBI、PWI、SRI、PSSI 的权重，沥青路面 PQI 各分项指标的权重取值见表4-3。

沥青路面 PQI 各分项指标的权重取值 表4-3

分项指标	权重取值	
	高速公路、一级公路	二、三、四级公路
PCI	0.35	0.60
RQI	0.30	0.40
RDI	0.15	—
PBI	0.10	—
PWI/SRI	0.10	—
PSSI	—	—

注：1. PWI、SRI 指标均表征沥青路面抗滑性能，计算 PQI 时，取其中一项指标即可。
2. PSSI 指标不参与 PQI 计算。

（1）沥青路面损坏状况指数 PCI 计算

沥青路面损坏状况指数 PCI 按照式（4-2）、式（4-3）计算。

$$PCI = 100 - a_0 DR^{a_1} \quad (4-2)$$

$$DR = 100 \times \frac{\sum_{i=1}^{i_0} \omega_i A_i}{A} \quad (4-3)$$

式中：a_0——模型参数，沥青路面采用 15.00；

a_1——模型参数，沥青路面采用 0.142；

DR——路面破损率，%；

A_i——第 i 类路面损坏的累计面积，m²；

A——路面检测总面积，m²；

ω_i——第 i 类路面损坏的权重系数，详见表4-4；

i——路面损坏类型；

i_0——路面损坏类型总数，沥青路面的取值为 21。

沥青路面损坏类型、权重　　　　表4-4

损坏类型	损坏名称	程度	计量单位	人工调查权重	自动化检测权重
1	横向裂缝	轻	长度×0.2,m	0.6	2.0
2		重		1.0	
3	纵向裂缝	轻	长度×0.2,m	0.6	2.0
4		重		1.0	
5	块状裂缝	轻	面积,m²	0.6	1.0
6		重		0.8	
7	龟裂	轻	面积,m²	0.6	1.0
8		中		0.8	
9		重		1.0	
10	坑槽	轻	面积,m²	0.8	1.0
11		重		1.0	
12	松散	轻	面积,m²	0.6	1.0
13		重		1.0	
14	沉陷	轻	面积,m²	0.6	1.0
15		重		1.0	
16	车辙	轻	长度×0.4,m	0.6	1.0
17		重		1.0	
18	波浪拥包	轻	面积,m²	0.6	1.0
19		重		1.0	
20	泛油		面积,m²	0.2	0.2
21	修补		面积(块状),m² 长度×0.2(条状),m	0.1	0.1(0.2)

注：1.人工调查时，条状修补应采用面积计算。
　　2.采用自动化检测时，块状修补的权重为0.1，条状修补的权重为0.2。

采用自动化检测时，A_i 采用式（4-4）计算。

$$A_i = 0.01 \times GN_i \tag{4-4}$$

式中：GN_i——含有第 i 类路面损坏的网格数，一个网格的标准尺寸为 $0.1m \times 0.1m$。

（2）沥青路面行驶质量指数 RQI 计算

沥青路面行驶质量指数 RQI 采用式（4-5）计算。

$$RQI = \frac{100}{1 + a_0 e^{a_1 IRI}} \tag{4-5}$$

式中：a_0——模型参数，高速公路与一级公路取值为0.026，其他等级公路取值为0.0185；

　　　a_1——模型参数，高速公路与一级公路取值为0.65，其他等级公路取值为0.58；

　　　IRI——国际平整度指数，m/km。

（3）路面车辙深度指数 RDI 计算

路面车辙深度指数 RDI 采用式(4-6)计算。

$$\mathrm{RDI} = \begin{cases} 100 - a_0 \mathrm{RD} & (\mathrm{RD} \leqslant \mathrm{RD}_a) \\ 90 - a_1(\mathrm{RD} - \mathrm{RD}_a) & (\mathrm{RD}_a < \mathrm{RD} \leqslant \mathrm{RD}_b) \\ 0 & (\mathrm{RD} > \mathrm{RD}_b) \end{cases} \quad (4\text{-}6)$$

式中：RD——车辙深度，mm；

RD_a——车辙深度参数，采用 10.0mm；

RD_b——车辙深度参数，采用 40.0mm；

a_0——模型参数，采用 1.0；

a_1——模型参数，采用 3.0。

（4）路面跳车指数 PBI 计算

路面跳车指数 PBI 采用式(4-7)计算。

$$\mathrm{PBI} = 100 - \sum_{i=1}^{i_0} a_i \mathrm{PB}_i \quad (4\text{-}7)$$

式中：PB_i——第 i 类程度的路面跳车；

a_i——第 i 类程度的路面跳车单位扣分，取值见表 4-5；

i——路面跳车类型，分为轻度、中度、重度三种；

i_0——路面跳车类型总数，取值为 3。

路面跳车扣分标准　　　　　　　　　　　　　　　　表 4-5

跳车程度	计量单位	单位扣分
轻度	处	0
中度		25
重度		50

路面跳车测试过程中采用路面高差计算，计算公式如式(4-8)所示。

$$\Delta h = \max\{h_1, h_2, \cdots, h_i, \cdots, h_{100}\} - \min\{h_1, h_2, \cdots, h_i, \cdots, h_{100}\} \quad (4\text{-}8)$$

式中：Δh——10m 路面纵断面最大高程和最小高程之差，cm；

h_i——第 i 点路面纵断面高程，cm；

i——第 i 个路面纵断面高程数据，采用自动化检测设备，每 0.1m 记录一个高程，10m 共记录 100 个高程数据。

根据路面纵断面高差计算结果，按照表 4-6 中标准划分路面跳车程度。此外，若 10m 内路面存在跳车情况，那么 10m 路面纵断面计为 1 处路面跳车。

路面跳车程度划分标准　　　　　　　　　　　　　　表 4-6

检测指标	轻度	中度	重度
路面纵断面高差/cm	≥2，<5	≥5，<8	≥8

(5) 路面磨耗指数 PWI 计算

路面磨耗指数 PWI 采用式(4-9)、式(4-10)计算。

$$PWI = 100 - a_0 WR^{a_1} \tag{4-9}$$

$$WR = 100 \times \frac{MPD_C - \min\{MPD_1, MPD_R\}}{MPD_L} \tag{4-10}$$

式中:WR——路面磨耗率,%;

a_0——模型参数,采用 1.696;

a_1——模型参数,采用 0.785;

MPD_1——无磨损的车道中线路面构造深度,mm;

MPD_L——左轮迹带构造深度,mm;

MPD_R——右轮迹带构造深度,mm。

(6) 路面抗滑性能指数 SRI 计算

路面抗滑性能指数 SRI 采用式(4-11)计算。

$$SRI = \frac{100 - SRI_{min}}{1 + a_0 e^{a_1 SFC}} + SRI_{min} \tag{4-11}$$

式中:SFC——横向力系数;

SRI_{min}——标定参数,采用 35.0;

a_0——模型参数,采用 28.6;

a_1——模型参数,采用 -0.105。

(7) 路面结构强度指数 PSSI 计算

路面结构强度指数 PSSI 采用式(4-12)、式(4-13)计算。

$$PSSI = \frac{100}{1 + a_0 e^{a_1 SSR}} \tag{4-12}$$

$$SSR = \frac{l_0}{l} \tag{4-13}$$

式中:SSR——路面结构强度系数;

l_0——路面弯沉标准值,0.01mm;

l——路面弯沉测试值,0.01mm;

a_0——模型参数,采用 15.71;

a_1——模型参数,采用 -5.19。

根据沥青路面技术状况指标评价结果,确定待养护路段病害的分布,并根据不同养护路段病害分布以及病害的严重程度,确定就地热再生技术的适用性及其工艺。在施工前,还需要进行如下工作:确定再生剂类型及用量;设计新沥青混合料级配与沥青含量;设计再生沥青混合料级配与沥青含量;计算就地热再生施工过程中现场外加新沥青用量。

4.4 沥青再生剂用量分析

4.4.1 再生剂技术要求

沥青路面在使用过程中不可避免地会出现沥青老化的情况,导致沥青混合料性能逐渐下降。由于就地热再生施工会完全利用原路面沥青混合料,使得沥青混合料中老化沥青含量占比较高,亟须加入一定比例的再生剂以恢复老化沥青性能,从而保障再生沥青混合料的性能。

根据沥青路面就地热再生技术的施工特点,再生剂的技术要求需要满足以下几个方面:
(1)再生剂的化学组成

学术界通常采用四种组分来表征沥青的组成,这四种组分包括饱和分、芳香分、胶质和沥青质。研究表明,沥青路面在使用过程中将会发生沥青老化情况,表现为沥青中的饱和分与芳香分含量降低,胶质与沥青质含量增加,因此,在老化沥青再生过程中需要补充轻质组分,以达到平衡老化沥青中四组分的比例至新沥青的标准水平的目的。此外,当老化沥青中沥青质含量较高时,沥青将会变硬,这要求再生剂具备良好的溶解与分散沥青质的能力。芳香分具有良好的溶解和分散沥青质的能力,饱和分则是沥青质的促凝剂。由于老化沥青中沥青质含量不同,为达到相同的再生效果,所需要的再生剂中芳香分含量也不同。当老化沥青中沥青质含量较低时,低芳香分再生剂与高芳香分再生剂的再生效果相似。这解释了为何即使使用以饱和分为主的油料,如润滑油、柴油与机油的混合物作为再生剂,有时也能取得一定的再生效果。

然而,过多的饱和分(包括蜡质和非蜡质的饱和物)加入老化沥青后,可能对再生沥青性能产生不利影响。通常,蜡质含量过高会降低沥青的高温和低温性能,进而影响沥青路面在高温和低温环境下的使用效果。因此,从再生剂组成成分方面,建议以芳香分为主,少饱和分,并建议以再生剂中芳香分含量作为评价再生剂质量控制的标准。

(2)再生剂施工和易性

在就地热再生施工过程中,再生剂通常通过现场喷洒的方式添加到耙松后的原路面沥青混合料中。接着,经过铣刨设备的初步搅拌,将新沥青混合料与原路面沥青混合料在路面上初步拌和,再将混合料提至拌和设备进行充分拌和,形成再生沥青混合料。随后,再生沥青混合料被摊铺和碾压,最终铺装成再生沥青路面。统计数据显示,从再生剂添加到旧沥青混合料,到形成再生沥青混合料并完成摊铺、碾压的整个过程持续 20~30min。与厂拌热再生沥青混合料相比,再生剂在高温条件下与原路面沥青混合料中老化沥青的相互作用时间显著减少。因此,就地热再生施工过程中使用的再生剂必须具备良好的分散效果,要求再生剂易于喷洒,且喷洒均匀,便于计量,以确保再生剂使用的均匀性和和易性。此外,再生剂在使用过程中还需要具备良好的渗透能力,使其能够充分渗透至老化沥青膜的厚度范围内,以达到使老化沥青再生的目的。

再生剂施工和易性、渗透性与再生剂的黏度相关。再生剂的黏度越低,其渗透能力将会越强,施工过程中将会越容易喷洒。然而,当再生剂黏度过低时,说明再生剂中含有的轻质组分含量较高,导致就地热再生剂再生加热过程中更容易挥发。因此,选择再生剂时需要综合考虑其渗透性及抗挥发性。

(3)再生剂耐老化性能

原路面中的老化沥青通过添加再生剂来恢复其使用性能,通常会改变其沥青组分的含量,使其达到新沥青的标准水平。然而,虽然添加再生剂能够恢复老化沥青的性能,但与新沥青相比仍存在一定的差异,导致再生沥青在长期使用过程中的性能衰减速率明显不同。因此,为了确保再生沥青具有良好的使用寿命,再生剂必须具备优异的抗老化能力。

为此,在选择再生剂时,需要检测其在经历短期和长期老化过程中的组分和基本性能指标的衰减情况。同时,还须分析再生沥青在经历短期和长期老化后的基本性能以及高低温流变性能的衰减程度。通过这些检测和分析,可以确定最佳的再生剂类型及其用量。

(4)再生剂安全性能

在就地热再生施工过程中,由于再生剂添加装置距离热风加热装置较近,同时再生剂直接喷洒到铣刨后的原路面沥青混合料表面,这些操作都涉及高温,因此,再生剂必须具有较高的闪点,以确保其在加热和喷洒到旧沥青混合料表面时不会产生烟雾。此外,再生剂中不得含有对人体有害的物质,遇高温时也不会释放有害气体,以保障施工人员的健康和安全。

4.4.2 再生剂的技术标准

我国再生剂的种类众多,不同再生剂可能涉及多种材料组合。因此,为定量表征再生剂之间的差异,《公路沥青路面再生技术规范》(JTG/T 5521—2019)给出了沥青再生剂的技术要求,详见表4-7。

沥青再生剂技术要求 表4-7

检测项目	RA-1	RA-5	RA-25	RA-75	RA-250	RA-500	试验方法
60℃黏度/(mm^2/s)	50~175	176~900	901~4500	4501~12500	12501~37500	37501~60000	T0619
闪点/℃	≥220	≥220	≥220	≥220	≥220	≥220	T0611
饱和分含量/%	≤30	≤30	≤30	≤30	≤30	≤30	T0618
芳香分含量/%	实测记录	实测记录	实测记录	实测记录	实测记录	实测记录	T0618
薄膜烘箱试验前后黏度比	≤3	≤3	≤3	≤3	≤3	≤3	T0619

续上表

检测项目	RA-1	RA-5	RA-25	RA-75	RA-250	RA-500	试验方法
薄膜烘箱试验前后质量变化/%	≤4,≥-4	≤4,≥-4	≤3,≥-3	≤3,≥-3	≤3,≥-3	≤3,≥-3	T0609/T0610
15℃密度/(g/cm³)	实测记录	实测记录	实测记录	实测记录	实测记录	实测记录	T0603

注：薄膜烘箱试验前后黏度比＝试样薄膜烘箱试验后黏度/试样薄膜烘箱试验前黏度。

4.4.3 再生剂用量确定方法

确定再生剂用量的方法主要包括溶解度参数法、橡胶理论法、经验预估法和性能设计方法。其中，溶解度参数法和橡胶理论法更倾向于理论分析，在实际施工过程中操作较为复杂，且对试验要求较高；经验预估法无法根据不同再生剂的性能差异以及旧沥青路面老化程度的不同，提供准确的再生剂用量评估标准。因此，性能设计方法成为确定再生剂用量的主要方法。

性能设计方法是通过在老化沥青中添加不同比例的再生剂来制备再生沥青，并测试其性能。通过对比不同再生沥青性能与设计标准的差异，以恢复老化沥青性能至设计标准规定的范围作为初步确定的再生剂用量。然后，通过室内试验验证初步确定的再生剂用量制备的再生沥青混合料的力学性能是否满足设计要求，从而判断该再生剂用量是否为最佳。如果不满足要求，则需要调整再生剂用量，直到再生沥青及其混合料的性能均达到设计要求，才能确定最佳的再生剂用量。

根据性能设计方法确定再生剂用量的具体过程如下：

(1) 再生剂类型筛选

目前，国内有多种类型的再生剂。选择再生剂时，需要根据表4-7中的要求测试其物理性能，并选出满足这些要求的再生剂。此外，还可以将一定掺量的再生剂与老化沥青混合，制备再生沥青，然后测试这些再生沥青的物理性能指标（如25℃针入度、软化点、15℃延度）。通过计算不同掺量再生沥青性能恢复的增长率，选择增长率较高的再生剂为最佳选项。

(2) 最佳再生剂用量确定

分别制备不同再生剂掺量的再生沥青，并测试其物理性能、高温与低温流变性能，分析再生剂掺量变化对再生沥青性能的影响趋势。在此基础上，根据不同施工地区对沥青性能的要求，确定再生沥青性能满足设计标准时的再生剂用量，作为初步确定的最佳掺量。此外，还可以采用线性插值的方法，确定满足沥青性能设计要求的最小再生剂用量。

经验表明，就地热再生施工过程中常采用当地施工常用的沥青标号或沥青类型，当选择高标号的沥青作为新沥青时，可以适当减少再生剂的使用。

(3) 验证再生沥青混合料性能

按照上述步骤确定最佳再生剂用量后，制备相应的再生沥青混合料，并测试其马歇尔指标、高温稳定性、低温抗裂性、水稳定性和疲劳性能,以验证其是否满足设计要求,从而确定该再生剂用量的可行性。如果不满足要求,则需要调整再生剂用量,重新进行再生沥青混合料的性能验证试验,直到其性能满足设计要求为止。

根据上述思路,总结再生剂用量确定流程如图4-9所示。

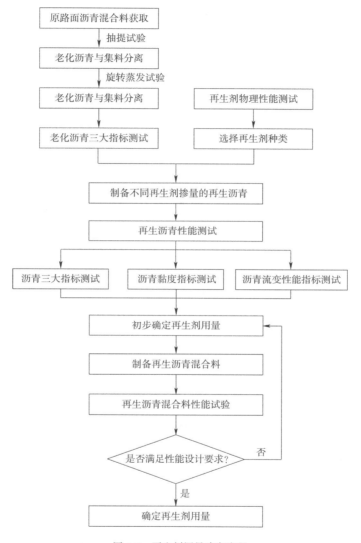

图4-9 再生剂用量确定流程

4.5 外加新沥青用量分析与计算

沥青路面在长期使用过程中,受到动水冲刷和轮胎摩擦等因素的影响,原路面会出现细集料流失的情况。同时,在交通荷载和环境等因素的综合作用下,原路面沥青混合料也会伴随出现沥青严重老化情况。由此可见,沥青路面在使用过程中会出现沥青含量降低和严重老化的现象。当原路面沥青含量较低、沥青老化严重时,就地热再生加热机组可能难以对沥青路面进行有效加热,同时采用添加新沥青混合料、再生剂的方式不能有效恢复再生沥青混合料中沥青含量至设计要求水平。在这种情况下,就地热再生施工过程中将需要现场添加新沥青,以提高再生沥青混合料中的沥青含量,使其达到最佳水平,从而改善再生沥青混合料的性能。判断就地热再生现场施工是否需要添加新沥青的流程如图4-10所示。

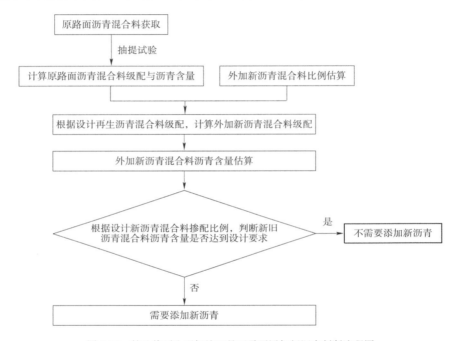

图4-10 就地热再生现场施工是否需要添加新沥青判断流程图

根据图4-10中判断流程,得到现场施工过程中外加新沥青添加质量计算模型,如式(4-14)~式(4-17)所示。

$$M_A = M_{HIRAM} - M_{RAP} - M_R - M_{HMA} \tag{4-14}$$

$$M_{RAP} = M \times (1 - C_{HIRAM}) \times (1 - b) \times \frac{C_{RAP}}{1 - C_{RAP}} \tag{4-15}$$

$$M_R = M_{RAP} \times C_R \tag{4-16}$$

$$M_{HMA} = M \times (1 - C_{HIRAM}) \times b \times \frac{C_{HMA}}{1 - C_{HMA}} \tag{4-17}$$

式中:M_A——外加新沥青总质量,kg;

M_{HIRAM}——就地热再生沥青混合料中设计含有的沥青总质量,kg;

M_{RAP}——RAP中老化沥青总质量,kg;

M_R——就地热再生沥青混合料中再生剂总质量,kg;

M_{HMA}——外加新沥青混合料中沥青总质量,kg;

M——就地热再生沥青混合料的质量,能够根据施工面积以及施工深度计算,kg;

C_{HIRAM}——就地热再生沥青混合料中沥青(含再生剂)含量,%;

C_{RAP}——RAP 中沥青含量,%;

b——外加新沥青混合料的比例,%;

C_R——再生剂与老化沥青的质量比,%;

C_{HMA}——外加新沥青混合料的沥青含量,%。

研究表明,就地热再生沥青混合料中外加新沥青混合料的比例与路面结构车辙相关,满足式(4-18)的关系:

$$b = 0.0335m^2 + 4.35 + 2.5h \tag{4-18}$$

式中:m——车辙深度,mm;

h——路面高程提高值,mm。

根据工程经验,由式(4-18)得到的外加新沥青混合料比例计算模型具有一定的指导意义。为了更准确地评估外加新沥青混合料的添加比例,实际施工过程中,建议根据每天养护工程量以及现场添加的新沥青混合料实际质量,计算施工过程中新沥青混合料添加比例的实际值,用于指导后续施工控制。

在就地热再生施工中,通常会使用加热铣刨机来添加外加新沥青。为了确保外加新沥青能够在现场施工中顺利添加,并具备良好的流动性,加热铣刨机中新沥青的存储罐采用导热油结合电加热的方式进行全程加热保温。然后,通过螺旋撒布盘将处于流动状态的热沥青均匀喷洒到原路面铣刨后的沥青混合料中,如图 4-11 所示。在就地热再生施工过程中,通过控制开关来调整外加新沥青的流量,以确保新沥青的添加量符合再生沥青混合料的设计要求。

图 4-11 螺旋撒布盘添加新沥青

4.6 就地热再生沥青混合料配合比设计关键技术

4.6.1 就地热再生沥青混合料配合比设计特点

根据就地热再生工艺类型的差异,就地热再生沥青混合料配合比设计过程中将会涉及表面再生(整形再生)就地热再生配合比设计以及复拌再生就地热再生配合比设计。根据

《公路沥青路面再生技术规范》(JTG/T 5521—2019)中关于就地热再生沥青混合料目标配合比设计步骤,得到就地热再生沥青混合料设计流程如图4-12所示。

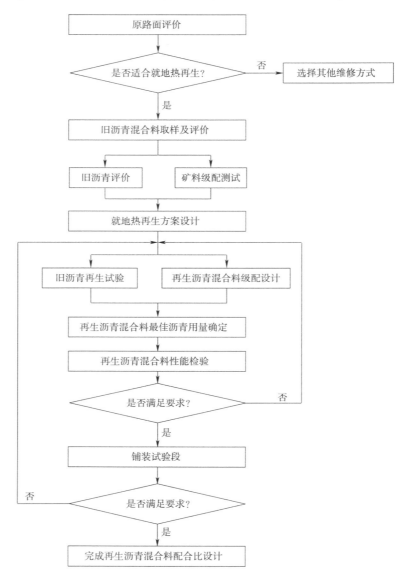

图4-12 就地热再生沥青混合料设计流程

表面再生(整形再生)工艺的就地热再生配合比设计中不会添加新沥青混合料,而复拌再生工艺的就地热再生沥青混合料配合比设计中需要添加新沥青混合料。两种再生工艺的沥青混合料都需要加入一定比例的再生剂,用于恢复老化沥青的性能,并在必要时添加一定比例的新沥青,以提高再生沥青混合料中的沥青含量,使其满足再生沥青混合料沥青含量的设计标准。

综合考虑就地热再生技术的施工特点,就地热再生沥青混合料配合比设计应具有适应性强、耐久性高的特点。适应性强表现为,就地热再生沥青混合料配合比设计过程中需要考虑原路面沥青混合料的老化程度和性能特点,再生沥青混合料的配合比设计能够灵活调整,以适应不同原路面材料的变化。耐久性高表现为,就地热再生沥青混合料需要综合考虑再生沥青混合料在高温、低温、湿度等各种条件下的性能要求,设计配合比以确保混合料具备良好的工程性能和使用性能,并考虑路面使用环境和负荷情况,配合比设计能够保证再生沥青混合料具有良好的耐久性,延长路面的使用寿命。

4.6.2 原路面取样与分析

根据图 4-12 中就地热再生沥青混合料设计流程,当确定使用就地热再生技术对沥青路面进行预防性养护时,需要对原沥青路面进行取样,之后进行就地热再生沥青混合料的配合比设计。然而,根据工程调研,就地热再生施工路面面积一般比较大,基本在 10 万 m^2 以上,导致就地热再生施工路面可能会涉及新建时的不同路面标段。沥青路面新建过程中,即使是相邻的标段,原路面材料组成设计也可能存在差异。此外,较长的沥青路面施工路段,原路面病害分布状况、沥青老化程度以及级配分布也可能存在差异。因此,为设计合理的就地热再生沥青混合料配合比,原路面取样必须具有代表性。

根据养护设计文件,调查就地热再生施工路段的原路面结构组成、养护历史、病害分布信息等,并根据就地热再生施工路段分布以及原路面材料组成类型差异划分施工段,同时建议根据单日施工面积将不同施工段进一步划分为施工单元,以施工单元进行取样。具体取样方法详见 4.2.2 节内容。此外,考虑到就地热再生沥青混合料配合比设计试验过程中将会使用大量的原路面沥青混合料,建议根据配合比设计全过程原路面沥青混合料需求量,在部分施工单元采用修路王设备加热、耙松原路面后取样,取样厚度为就地热再生设计施工厚度。

将采集的不同施工单元原路面沥青混合料采用抽提法与筛分法测试级配与沥青含量,采用旋转蒸发法回收老化沥青,测试老化沥青的针入度、软化点、延度以及黏度指标,评估老化沥青性能。

4.6.3 就地热再生沥青混合料矿料级配设计

根据就地热再生表面再生工艺特点,其不添加新沥青混合料,复拌再生需要添加外加新沥青混合料,而加铺再生采用的是表面再生或者复拌再生工艺。结合再生沥青混合料材料组成设计流程,以复拌再生工艺的就地热再生沥青混合料矿料级配设计为例,提出矿料级配的设计步骤。表面再生工艺中不添加新沥青混合料,再生沥青混合料矿料级配以原路面级配为主,在此不做说明。对于复拌再生沥青混合料矿料级配设计,主要包括就地热再生沥青混合料矿料级配设计和外加新沥青混合料矿料级配设计。

通常,就地热再生沥青混合料矿料级配设计会根据原沥青路面矿料级配以及工程经验确定合理的级配范围,并结合马歇尔试验及路用性能试验确定一条适合的级配曲线。新沥青混合料矿料级配设计将会根据确定的再生沥青混合料矿料级配、外加新沥青混合料比例、原路面沥青混合料矿料级配计算得到,计算模型如式(4-19)所示。

$$P_{HIRAM-i} = P_{RAP-i} \times (1-b) + P_{HMA-i} \times b \tag{4-19}$$

式中:$P_{HIRAM-i}$——i 筛孔就地热再生沥青混合料矿料级配设计通过率,%;

P_{RAP-i}——i 筛孔原路面沥青混合料矿料级配通过率,%;

P_{HMA-i}——i 外加新沥青混合料矿料级配通过率,%;

b——外加新沥青混合料的比例,%,采用式(4-18)计算。

由此可见,不同施工单元矿料级配以及外加新沥青混合料差异将会导致就地热再生沥青混合料矿料级配的显著差异,就地热再生沥青混合料矿料级配的显著波动将会影响再生沥青混合料性能,可能会造成施工的再生沥青混合料级配不满足设计级配范围要求,影响对就地热再生施工后路面长期性能的判断。因此,为保障就地热再生现场施工过程中再生沥青混合料矿料级配与设计级配一致,需要根据不同施工单元分别设计新沥青混合料矿料级配。然而,该方法将显著增加配合比设计负担,给现场施工以及拌和站新沥青混合料生产增加难度。

为解决上述问题,根据《公路沥青路面再生技术规范》(JTG/T 5521—2019)中就地热再生施工过程中质量控制标准,高速公路及一级公路(其他等级公路)现场施工矿料级配与设计级配之差在 0.075mm、≤2.36mm、≥4.75mm 筛孔分别应控制在 ±2%、±5%(±6%)、±6%(±7%)以内。在考虑就地热再生沥青混合料级配偏差范围的情况下,可将不同施工单元的新沥青混合料矿料级配归类,从而减少配合比设计数量。总结就地热再生沥青混合料矿料级配设计步骤如下:

步骤1:计算外加新沥青混合料比例。

根据不同施工单元车辙深度检测结果,采用施工单元车辙深度的平均值,结合式(4-18)分别计算不同施工单元外加新沥青混合料比例。

步骤2:确定就地热再生沥青混合料矿料级配设计值。

根据原路面沥青混合料的矿料级配分布范围,结合室内试验和工程设计经验,初步确定就地热再生沥青混合料的矿料级配设计值。建议根据外加新沥青混合料的比例,预估其矿料级配对再生沥青混合料矿料级配的调整幅度,从而确定合理的就地热再生沥青混合料矿料级配设计值。通常,可以根据不同施工单元的矿料级配和外加新沥青混合料比例的平均值,进一步推算再生沥青混合料可以达到的级配区间,并在该区间内设计出合理的级配曲线。

步骤3:判断再生沥青混合料设计矿料级配与级配设计数量的合理性。

根据不同施工单元不同筛孔原路面沥青混合料矿料级配波动范围,结合不同施工单元外加新沥青混合料计算的比例,按照设计原路面沥青混合料添加量,计算不同施工单元原路面沥青混合料矿料级配变异区间,并与再生沥青混合料设计级配区间进行比较。当满足要求时,进行步骤4至步骤7。

步骤4:计算外加新沥青混合料矿料级配。

根据不同施工单元原路面沥青混合料矿料级配测试结果以及外加新沥青混合料比例,结合就地热再生沥青混合料矿料级配设计值,计算不同施工单元外加新沥青混合料矿料级配,分析计算结果是否满足级配曲线的变化规律(矿料通过率随筛孔直径的增加而逐渐增大),对不满足要求的计算结果进行调整。

步骤5:外加新沥青混合料矿料级配分类。

根据不同施工单元外加新沥青混合料矿料级配计算结果,将新沥青混合料的矿料级配进行分类,可采用Fréchet相似度计算方法。

步骤6:计算再生沥青混合料矿料级配理论值。

根据分类结果,分别计算不同分类的外加新沥青混合料矿料级配平均值,并结合不同施工单元的外加新沥青混合料比例,计算再生沥青混合料矿料级配的理论值。

步骤7:确定再生沥青混合料与新沥青混合料的矿料级配。

比较不同施工单元再生沥青混合料矿料级配计算值与设计值之差,判断其是否符合《公路沥青路面再生技术规范》(JTG/T 5521—2019)中的控制范围要求。如果满足规范要求,外加新沥青混合料的矿料级配设计数量即为分类数量,设计矿料级配为各分类的外加新沥青混合料矿料级配计算值的平均值,再生沥青混合料矿料级配设计结果见步骤2中的结果。如果不满足规范要求,重新回到步骤4增加分类数量后计算,之后依次进行后续步骤的计算,直到再生沥青混合料矿料级配计算值与设计值之差符合规范要求。

上述步骤可确定1条再生沥青混合料矿料级配与若干条(≥1条)外加新沥青混合料矿料级配。然而,针对步骤3中不满足要求的情况,需要进行步骤8与步骤9。

步骤8:不同施工单元原路面沥青混合料矿料级配分类。

将不同施工单元原路面沥青混合料矿料级配进行归类,将相似级配进行分类,分类数量按照计划设计的再生沥青混合料矿料级配数量确定。

步骤9:确定再生沥青混合料矿料级配。

分别计算不同分类中原路面沥青混合料矿料级配以及外加新沥青混合料比例的平均值,据此推算再生沥青混合料能够达到的级配区间,并在该级配区间中设计合理的再生沥青混合料级配。根据上述确定的就地热再生沥青混合料矿料级配,结合步骤4至步骤7确定外加新沥青混合料矿料级配。

受到原路面材料组成波动的影响,原路面沥青混合料矿料级配可能会面临较高的变异性,这可能会出现再生沥青混合料矿料级配计算值与设计值之间虽然满足偏差要求,但是偏差位于上限,而矿料级配的显著波动将会影响再生沥青混合料设计性能与实际性能之间的差异。因此,面对这种情况,可再次采用步骤8与步骤9确定增加分类数量后的再生沥青混合料矿料级配。通常,根据上述方案,面对原路面沥青混合料具有较高变异性的施工段,再生沥青混合料矿料级配设计数量可能为3条以上,这说明就地热再生施工过程中能够用于指导施工的级配不仅只是一条,可能是多条。

综上所述,总结就地热再生沥青混合料矿料级配设计方案如图4-13所示。

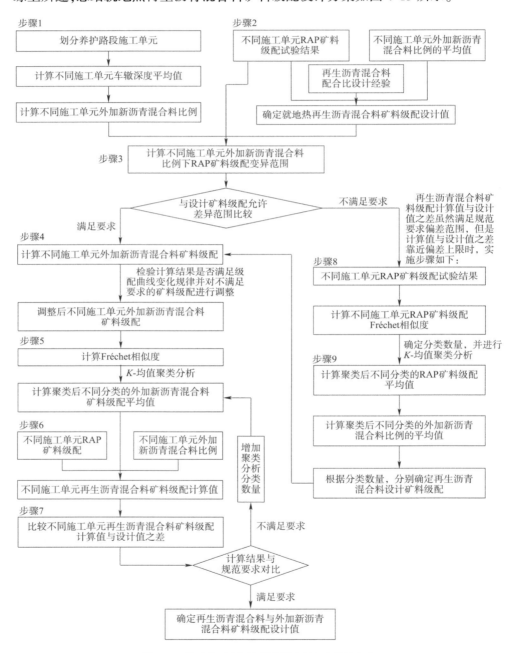

图4-13 就地热再生沥青混合料矿料级配设计方案

4.6.4 就地热再生沥青混合料沥青含量确定

以复拌再生工艺的就地热再生沥青混合料沥青含量确定为例,其包括就地热再生沥青混合料沥青含量和外加新沥青混合料沥青含量确定。

确定就地热再生沥青混合料的最佳沥青含量,需要按照以下步骤进行:

(1)确定再生剂用量

根据4.4节中的沥青再生剂用量分析方法,针对再生沥青需要达到的目标沥青标号,采用试配法进行旧沥青的再生试验。在试配法实施过程中,按照一定间隔的等差数列比例掺入原路面回收的老化沥青,测试再生沥青的针入度、软化点、延度指标,绘制其变化曲线,并通过内插法初步确定再生剂的用量。尽管三大指标能够反映沥青的基本性能,但不足以充分体现其低温性能。因此,对于有低温性能要求的地区,建议进一步进行流变性能试验,分析不同再生剂掺量下再生沥青的流变性能变化趋势,并结合内插法初步确定再生剂用量。在确定再生剂用量时,还需要考虑原路面沥青混合料中粗集料对老化沥青的吸附情况。

(2)马歇尔试验

根据就地热再生沥青混合料的设计矿料级配,并结合实践经验,初步选择适宜的沥青用量,然后分别进行马歇尔试验,测试再生沥青混合料的矿料间隙率指标,判断其是否满足设计要求,从而确定再生沥青混合料的设计级配类型。

根据《公路沥青路面施工技术规范》(JTG F40—2004)中关于马歇尔试验的要求,采用初步确定的就地热再生沥青混合料矿料级配,进行再生沥青混合料马歇尔试验。

在进行就地热再生沥青混合料的马歇尔试验时,新沥青的加热温度、新集料的加热温度以及再生沥青混合料的拌和温度如表4-8所示。改性沥青的加热温度比石油沥青的高10~20℃。在室内试验中,原路面沥青混合料的加热温度应以现场能够达到的温度为主,通常在130~150℃之间。具体温度标准可以通过测试加热复拌设备施工阶段达到的温度来确定,并以此作为室内试验的参考。此外,就地热再生沥青混合料的压实温度不能按照新沥青混合料的标准,应通过测试现场施工时再生沥青混合料的摊铺温度来确定,进而设定室内试验的再生沥青混合料压实温度。一般情况下,就地热再生沥青混合料的压实温度不应低于130℃。

再生沥青混合料温度控制要求　　　　表4-8

温度类型	石油沥青标号				
	50号	70号	90号	110号	130号
沥青加热温度/℃	160~170	155~165	150~160	145~155	140~150
矿料加热温度/℃	集料加热温度比沥青温度高10~30℃,填料不加热				
沥青混合料拌和温度/℃	150~170	145~165	140~160	135~155	130~150

就地热再生沥青混合料马歇尔试验前,还需要进行原路面沥青混合料中集料与沥青分

离工作,测试不同集料(原路面沥青混合料中集料、新集料)的毛体积相对密度、表观相对密度,并根据设计矿料级配与新旧集料的比例,计算合成毛体积相对密度以及合成表观相对密度,用于再生沥青混合料最大理论相对密度的计算。

根据预估的就地热再生沥青混合料最佳沥青含量,以此为中值,采用0.5%的沥青含量间隔设计五种不同沥青含量的再生沥青混合料,分别成型马歇尔试件。按照《公路工程沥青及沥青混合料试验规程》(JTG E20—2011)的方法,测试不同沥青含量再生沥青混合料的毛体积相对密度、吸水率、理论最大相对密度、稳定度与流值指标,并计算其矿料间隙率和有效沥青饱和度指标。

由于再生沥青混合料与普通热拌沥青混合料存在差异,导致理论最大相对密度的实测值与计算值之间可能存在差异,建议在就地热再生沥青混合料试验中采用理论最大相对密度的计算值来计算再生沥青混合料的空隙率。

(3)确定最佳沥青含量

再生沥青混合料的最佳沥青含量确定方法采用《公路沥青路面施工技术规范》(JTG F40—2004)中的规定。通过绘制五种沥青含量与再生沥青混合料毛体积相对密度、空隙率、矿料间隙率、有效沥青饱和度、稳定度和流值指标之间的变化趋势图,确定满足沥青混合料马歇尔体积指标设计要求的沥青用量范围 $OAC_{min} \sim OAC_{max}$。此外,设计的沥青含量范围必须涵盖再生沥青混合料设计空隙率的整个范围,并尽可能满足有效沥青饱和度的要求。如果设计的沥青含量范围未能覆盖设计空隙率的全部范围,则需调整沥青含量的分布范围,并重新进行再生沥青混合料的马歇尔试验。

根据沥青含量与再生沥青混合料毛体积相对密度、空隙率、矿料间隙率、有效沥青饱和度、稳定度和流值指标之间的变化趋势图,在图中求取相对密度最大值、稳定度最大值、目标空隙率或中值、沥青饱和度的中值对应的沥青含量 a_1、a_2、a_3、a_4。按式(4-20)计算四种沥青含量的平均值作为 OAC_1。

$$OAC_1 = \frac{a_1 + a_2 + a_3 + a_4}{4} \tag{4-20}$$

当所设计的沥青含量范围未能覆盖有效沥青饱和度范围时,按式(4-21)计算3种沥青含量的平均值作为 OAC_1。

$$OAC_1 = \frac{a_1 + a_2 + a_3}{3} \tag{4-21}$$

在设计的沥青含量范围内,密度或稳定度指标没有出现最大值时,可直接采用目标空隙率对应的沥青用量作为 OAC_1,且 OAC_1 必须介于 $OAC_{min} \sim OAC_{max}$ 的范围内,否则需要重新进行配合比设计。

将各项指标均满足技术标准要求(不含矿料间隙率指标)的沥青含量范围 $OAC_{min} \sim OAC_{max}$ 的中值作为 OAC_2,计算如式(4-22)所示。

$$OAC_2 = \frac{OAC_{min} + OAC_{max}}{2} \tag{4-22}$$

最佳沥青含量 OAC 采用 OAC_1 与 OAC_2 的平均值表示,同时需要验证最佳沥青含量计算值所对应的空隙率、矿料间隙率是否满足设计要求,以此确定最佳沥青含量的合理性。

(4)配合比设计检验

针对高速公路和一级公路的沥青混合料,其配合比设计还需要进行性能验证,以判断其性能是否满足设计标准。在确定再生沥青混合料的最佳沥青含量后,分别进行高温稳定性、低温抗裂性、水稳定性和渗水系数的检验。具体试验步骤按照《公路工程沥青及沥青混合料试验规程》(JTG E20—2011)的规定进行。对于性能不满足要求的再生沥青混合料,必须更换材料或者重新进行配合比设计。

此外,就地热再生沥青混合料配合比设计结果还需要进行现场施工检验,测试现场施工后的再生沥青混合料性能是否满足设计要求,并测试施工后路面渗透性能、抗滑性能等指标,从而完成再生沥青混合料配合比设计。

综上所述,就地热再生沥青混合料配合比设计流程如图 4-14 所示。

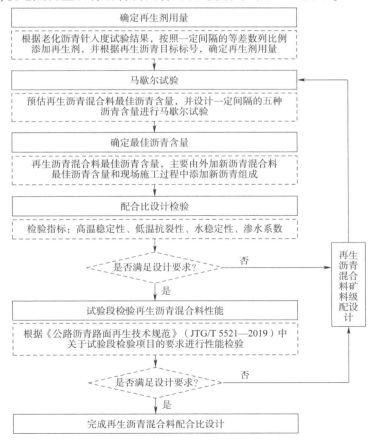

图 4-14 就地热再生沥青混合料配合比设计流程

确定就地热再生沥青混合料中外加新沥青混合料的最佳沥青含量,需要按照以下步骤进行:

(1)计算外加新沥青混合料矿料级配

根据再生沥青混合料设计矿料级配,结合外加新沥青混合料比例以及原路面沥青混合料矿料级配,计算外加新沥青混合料矿料级配。

(2)预估外加新沥青混合料的沥青含量

外加新沥青混合料的沥青含量预估方法有两种,方法1的计算如式(4-23)所示。

$$P_b = 0.035a + 0.045b + Kc + F \tag{4-23}$$

式中:P_b——预估的沥青混合料中沥青含量,%;

a——未通过2.36mm筛孔的集料的比例,%;

b——通过2.36mm筛孔且留在0.075mm筛孔上集料的比例,%;

K——当0.075mm筛孔通过率为6%~10%时取值为0.18,当0.075mm筛孔通过率不大于5%时取值为0.20;

c——通过0.075mm筛孔矿料的比例,%;

F——取值为0~2.0,与集料的吸水率有关,通常取值为0.7。

上述方法通常用于计算连续型沥青混合料矿料级配的沥青含量。然而,就地热再生施工过程中,原路面沥青混合料占比通常能够达到80%以上,新沥青混合料级配设计过程中通常用于补充原路面损失的部分级配,导致外加新沥青混合料矿料级配设计结果与常规沥青混合料差异较大,很容易造成该方法在预估新沥青混合料沥青含量时偏差较大。因此,还可根据预估沥青膜厚度,计算外加新沥青混合料的沥青含量,方法2的计算如式(4-24)、式(4-25)所示。

$$SA = \sum (P_i \times FA_i) \tag{4-24}$$

$$P_b = \frac{DA \times SA \times \gamma_b}{10} \tag{4-25}$$

式中:P_b——预估的沥青混合料中沥青含量,%;

DA——沥青膜有效厚度,μm;

SA——集料的比表面积,m²/kg;

γ_b——25℃沥青的相对密度,无量纲;

P_i——i筛孔的集料通过百分率,%;

FA_i——i筛孔的集料的表面积系数,详见表4-9。

集料表面积系数计算示例 表4-9

筛孔尺寸/mm	集料表面积系数 FA_i	通过率/%	比表面积/(m²/kg)
19	0.0041	100	0.41
16	—	92	—

续上表

筛孔尺寸/mm	集料表面积系数 FA_i	通过率/%	比表面积/(m²/kg)
13.2	—	85	—
9.5	—	76	—
4.75	0.0041	60	0.25
2.36	0.0082	42	0.34
1.18	0.0164	32	0.52
0.6	0.0287	23	0.66
0.3	0.0614	16	0.98
0.15	0.1229	12	1.47
0.075	0.3277	6	1.97

注：公称最大粒径混合料中粒径大于 4.75mm 的集料的表面积系数均为 0.0041，且只计算一次。表 4-9 中设计通过率的集料比表面积总和为 6.60，当级配变化时，通过调整通过率测试结果，即可计算其他级配的集料比表面积总和。

（3）确定外加新沥青混合料最佳沥青含量

根据上述两种计算方法，确定外加新沥青混合料的预估沥青含量。然而，外加新沥青混合料应避免因沥青含量过多而导致沥青流淌或离析的情况。此外，外加新沥青混合料的沥青含量过低，将限制新沥青混合料中游离沥青在就地热再生沥青混合料中的扩散，影响新旧沥青的融合程度。因此，就地热再生沥青混合料中新沥青混合料的最佳沥青含量应采用其满足析漏试验标准的最大沥青含量。

根据外加新沥青混合料的预估沥青含量，以此为基准，按 0.3% 沥青含量的间隔，设计五种不同沥青含量的外加新沥青混合料，测试其析漏试验结果。将这五种沥青含量对应的析漏试验结果通过平滑曲线连接，计算出满足析漏试验标准的外加新沥青混合料的最大沥青含量，并将其作为就地热再生施工中外加新沥青混合料的沥青含量控制标准。在实际施工过程中，如果发现运输车厢底部残留大量沥青，则需要考虑降低外加新沥青混合料的沥青含量。

综上所述，当确定了再生沥青混合料的最佳沥青含量和外加新沥青混合料的最佳沥青含量后，需要根据外加新沥青混合料的比例，计算现场施工过程中是否需要额外添加新沥青。如果需要，则应计算出外加新沥青的质量，并在施工过程中单独添加。

4.7 就地热再生沥青混合料配合比设计案例

4.7.1 原路面取样与分析

以江西省德昌高速公路就地热再生施工为例，通过调研原路面结构组成、养护历史以及路面病害分布信息，按照养护路段涉及的不同原路面施工标段，根据施工标段的差异对原沥青路面进行取样。设计12处取样位置,具体位置见表4-10。根据表4-10中取样位置,采用钻芯取样的方法获取原路面沥青混合料,并测试不同取样位置原路面沥青混合料的级配与沥青含量,测试老化沥青的25℃针入度指标,结果分别如图4-15、图4-16所示。

施工路段划分施工单元后设计取样桩号　　　　　　　表4-10

编号	标段	桩号	编号	标段	桩号
1	DP1	K375+100(下行)	7	BP2	K263+100(下行)
2	CP2	K337+300(下行)	8	BP2	K257+500(下行)
3	CP2	K327+550(下行)	9	BP1	K261+000(上行)
4	CP1	K319+900(下行)	10	BP1	K277+600(上行)
5	CP1	K312+900(下行)	11	BP1	K282+100(上行)
6	BP2	K286+100(下行)	12	BP1	K292+500(上行)

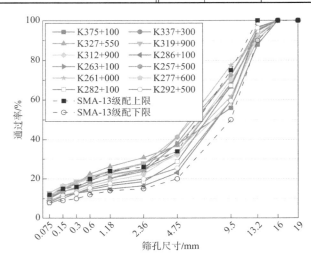

图4-15 原路面沥青混合料级配测试结果

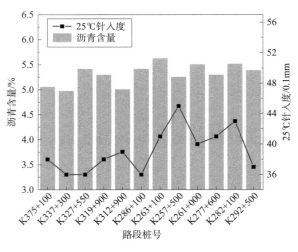

图4-16 原路面老化沥青含量与针入度指标测试结果

根据原设计文件,沥青路面表面层设计为 SMA-13 沥青混合料。由图 4-15 可以看出,K257+500、K261+100、K263+100 和 K277+600 四个路段在 0.075mm 至 4.75mm 筛孔处的通过率超出了 SMA-13 沥青混合料级配上限,而 K286+100 处的矿料级配则接近 SMA-13 沥青混合料级配下限。总体而言,12 个路段的矿料级配分布在 SMA-13 级配中值以上,矿料级配较细,且 12 个路段之间存在显著差异。

从图 4-16 可以看出,测试路段的原路面沥青混合料沥青含量在 4.98%~5.63%之间,平均值为 5.31%,标准差为 0.20%,极差为 0.65%。原路面沥青混合料中老化沥青在 25℃时的针入度在 3.6~4.5mm 之间,平均值为 3.9mm,标准差为 0.27mm,极差为 0.9mm。总体而言,12 个路段的沥青含量和针入度较为一致,离散性较低。此外,所有 12 个路段的老化沥青针入度指标均满足《公路沥青路面再生技术规范》(JTG/T 5521—2019)中不低于 2.0mm 的要求,可以采用就地热再生技术进行路面养护。

4.7.2 就地热再生沥青混合料矿料级配设计

根据表 4-10 中的设计取样位置,将施工标段划分为 12 个施工单元,分别计算每个单元的车辙深度平均值,并按照 2mm 的路面高程提高值来计算外加新沥青混合料的比例,结果如表 4-11 所示。由表 4-11 可以看出,不同施工单元中,外加新沥青混合料的比例在 10%~12%之间。

施工单元车辙深度及外加新沥青混合料比例计算结果　　　表 4-11

编号	车辙深度/mm	比例/%	编号	车辙深度/mm	比例/%
1	5.6	10.4	7	4.3	10
2	8.1	11.5	8	5.7	10.4
3	8.2	11.6	9	5.9	10.5
4	6.2	10.6	10	8.1	11.5
5	7.4	11.2	11	4.6	10.1
6	8.6	11.8	12	5.3	10.3

根据不同施工单元原路面沥青混合料矿料级配的测试结果,不同筛孔原路面沥青混合料矿料级配的通过率极差分布如图 4-17 所示。根据设计要求,高速公路现场施工矿料级配与设计级配的差异在 0.075mm、≤2.36mm、≥4.75mm 筛孔处应分别控制在 ±2%、±5%、±6% 以内,极差应控制在 4%、10%、12% 以内。因此,按照 RAP 矿料级配在再生沥青混合料中的用量,并结合 10% 新沥青混合料的添加比例,分别计算不同施工单元 RAP 矿料级配在各筛孔的通过率极差。然而,图 4-17 的计算结果显示,不同施工单元原路面沥青混合料矿料级配在 0.075mm 和 2.36~9.5mm 筛孔处的通过率极差均未满足设计要求。因此,应优先对不同施工单元的沥青混合料回收料矿料级配进行分类,并在确定再生沥青混合料矿料级配后,再进行再生沥青混合料的矿料级配设计。

采用 Fréchet 相似度方法,以 SMA-13 矿料级配的中值作为参考基准,分别计算了 12 个施工单元 RAP 矿料级配的 Fréchet 相似度。根据计算结果,将这些相似度划分为四类,具体结果如表 4-12 所示。

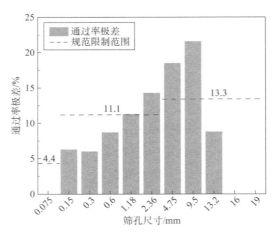

图 4-17 原路面沥青混合料矿料级配极差计算结果

Fréchet 相似度计算与分类结果 表 4-12

编号	Fréchet 相似度	分类	编号	Fréchet 相似度	分类
1	0.0952	A	7	0.0893	A
2	0.1695	D	8	0.0699	A
3	0.1	A	9	0.0667	A
4	0.1449	D	10	0.1299	D
5	0.1961	C	11	0.2083	C
6	0.2564	C	12	0.3333	B

根据分类结果,分别计算了不同分类情况下的原路面沥青混合料的矿料级配极差,结果如表 4-13 所示。由表 4-13 可见,分类后的四种类型的 RAP 矿料级配极差基本满足设计要求。

分类后原路面沥青混合料矿料级配极差 表 4-13

筛孔尺寸/mm	矿料级配极差/%				设计要求/%
	A	B	C	D	
16	0		0	0	12
13.2	7.9		1.8	1.8	
9.5	10.4		7.4	7.5	
4.75	4.1		8	0.9	
2.36	3.6	0	6.9	5	
1.18	3		6.3	4.5	
0.6	4.6		5.5	4.4	10
0.3	3		4.6	4.6	
0.15	1.5		4.5	4.4	
0.075	1.2		2.9	3.9	4

根据分类结果,设计了四种类型的再生沥青混合料矿料级配,如图 4-18 所示。图 4-18 显示,四类原路面沥青混合料矿料级配对应的再生沥青混合料设计级配存在显著差异。其中,A 类矿料级配在 4.75mm 筛孔位置的通过率未能满足 34% 的上限要求,这主要是因为原路面沥青混合料矿料级配在 4.75mm 筛孔位置的通过率已经超过了设计要求的上限。即使 90% 的原路面沥青混合料矿料添加量仍无法将矿料的 4.75mm 通过率降低到设计要求的上限范围内,导致 A 类再生沥青混合料的 4.75mm 通过率未能满足 SMA-13 的要求。因此,对于原路面沥青混合料矿料级配超过设计要求的复杂工况,应根据新沥青混合料的添加比例,判断是否需要调整设计方案。本次设计暂不考虑再生沥青混合料超过 SMA-13 上限范围的限制,仅论证所提出设计方法的可行性。

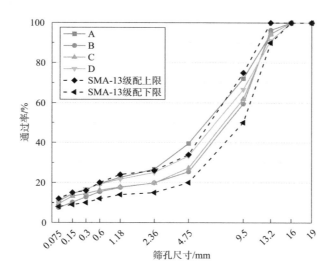

图 4-18　就地热再生沥青混合料矿料级配初步设计结果

根据再生沥青混合料的设计矿料级配,并结合各施工单元外加新沥青混合料比例的计算结果,分别计算出外加新沥青混合料的矿料级配,并对不符合级配变化趋势的部分进行调整。调整后的外加新沥青混合料矿料级配如图 4-19 所示。图 4-19 显示,外加新沥青混合料的矿料级配存在较高的离散性。在工程中,针对不同施工单元设计的外加新沥青混合料矿料级配,可以精确控制再生沥青混合料施工时的矿料级配。然而,当施工单元划分较多时,众多新沥青混合料矿料级配设计结果将会增加沥青混合料拌和站的生产负担,可能导致生产不便以及拌和站出现溢料的情况。

为了减少新沥青混合料矿料级配的种类,从而减轻就地热再生外加新沥青混合料生产负担,采用 Fréchet 相似度方法,以 SMA-13 矿料级配的中值作为参考,分别计算 12 个施工单元外加新沥青混合料矿料级配的 Fréchet 相似度。初步拟定将其分为四类,具体结果见表 4-14。

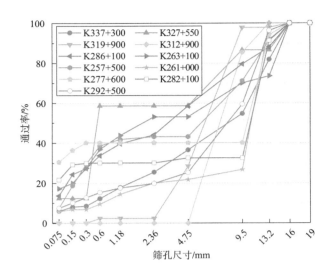

图 4-19 不同施工路段外加新沥青混合料矿料级配计算结果

外加新沥青混合料矿料级配 Fréchet 相似度计算与分类结果 表 4-14

编号	Fréchet 相似度	分类	编号	Fréchet 相似度	分类
1	0.0621	Ⅲ	7	0.0798	Ⅰ
2	0.1087	Ⅱ	8	0.1064	Ⅱ
3	0.0546	Ⅲ	9	0.0276	Ⅳ
4	0.0295	Ⅳ	10	0.0526	Ⅲ
5	0.027	Ⅳ	11	0.036	Ⅳ
6	0.1008	Ⅱ	12	0.0862	Ⅰ

根据分类结果，针对不同类型的新沥青混合料矿料级配平均值，分别计算了不同施工单元再生沥青混合料矿料级配的计算值，结果见表 4-15。将再生沥青混合料矿料级配计算值与图 4-18 中初步设计值进行比较，得到不同筛孔时再生沥青混合料矿料级配初步设计值与计算值的通过率差异，结果见表 4-16。由表 4-16 可知，再生沥青混合料矿料级配的计算值与设计值的通过率差异基本符合设计要求，说明采用四组分类方案设计原路面沥青混合料能够使就地热再生施工过程得到可控的级配。

综上所述，需要设计四种类型的再生沥青混合料矿料级配以及外加新沥青混合料矿料级配，以确保就地热再生在复杂工况下施工时再生沥青混合料矿料级配均能满足设计的变化要求。再生沥青混合料矿料级配初步设计值如图 4-18 所示，而新沥青混合料的矿料级配设计值见表 4-17。就地热再生施工过程中不同施工单元的再生沥青混合料设计矿料级配以及外加新沥青混合料矿料级配分别见表 4-12 和表 4-14 中的分类。

再生沥青混合料矿料级配计算值

表 4-15

编号	1	2	3	4	5	6	7	8	9	10	11	12
分类	A	D	A	D	C	C	A	A	A	D	C	B
筛孔尺寸/mm	通过率/%											
16	100.0	100.0	100.0	100.0	100.0	100.0	100.0	100.0	100.0	100.0	100.0	100.0
13.2	88.1	91.2	94.8	91	93.7	93.8	94.9	93.5	90.7	90.6	95.0	94.5
9.5	66.7	67.9	67.4	61.4	58.9	60.2	71.0	71.5	77.1	70.6	66.4	59.4
4.75	39.0	34.3	38.7	32.4	30.7	25.7	38.1	41.7	42.6	35.3	26.0	26.6
2.36	27.5	26.3	27.5	26.2	22.9	18.9	24.9	26.0	27.2	22.6	18.0	21.4
1.18	22.9	23.3	23.2	22.5	20.7	16.9	21.0	21.5	23.5	19.4	16.0	18.7
0.6	19.4	21	22.5	20.0	18.9	15.4	18.4	18.4	20.9	17.0	14.2	16.5
0.3	16.5	18.2	18.1	17.8	17.0	13.8	15.7	15.7	18.7	14.6	12.5	13.5
0.15	14.3	15.4	15.4	15.7	15.6	12.3	13.8	14.1	15.8	12.7	11.1	10.6
0.075	11.2	11.5	11.4	12.3	10.9	8.9	10.4	10.9	12.0	9.7	8.0	8.2

再生沥青混合料矿料级配初步设计值与计算值的通过率差异

表 4-16

编号	1	2	3	4	5	6	7	8	9	10	11	12	设计要求
分类	A	D	A	D	C	C	A	A	A	D	C	B	
筛孔尺寸/mm	通过率计算值与设计值之差/%												
16	0	0	0	0	0	0	0	0	0	0	0	0	
13.2	-5.0	0.1	1.7	-0.1	-0.7	-0.6	1.8	0.4	-2.4	-0.5	0.6	-1.8	±6
9.5	-4.2	1.1	-3.6	-5.4	-3.0	-1.8	0.1	0.6	6.2	3.9	4.4	-0.1	
4.75	-0.2	1.0	-0.4	-0.9	3.4	-1.6	-1.0	2.6	3.5	2.0	-1.3	1.2	
2.36	1.2	1.3	1.1	1.2	3.1	-0.9	-1.5	-0.3	0.9	-2.4	-1.8	1.5	
1.18	0.9	1.6	1.2	0.8	2.8	-1.0	-1.0	-0.6	1.5	-2.3	-1.9	1.1	
0.6	0	1.8	3.1	0.8	2.7	-0.7	-1.0	-1.0	1.5	-2.2	-1.9	1.1	±5
0.3	0.1	1.5	1.7	1.1	2.5	-0.7	-0.7	-0.7	2.4	-2.1	-2.1	0.7	
0.15	0.1	1.0	1.2	1.2	2.4	-0.9	-0.4	-0.1	1.7	-1.8	-2.1	0.4	
0.075	0.6	0.3	0.8	1.2	1.4	-0.6	-0.2	0.2	1.4	-1.4	-1.5	0.2	±2

新沥青混合料矿料级配设计结果

表 4-17

筛孔尺寸/mm	不同新沥青混合料类型的设计通过率/%			
	Ⅰ	Ⅱ	Ⅲ	Ⅳ
19	100.0	100.0	100.0	100.0
16	100.0	100.0	100.0	100.0
13.2	78.5	83.2	89.9	97.3
9.5	58.6	64.5	74.0	58.5
4.75	37.4	45.0	51.6	19.8

续上表

筛孔尺寸/mm	不同新沥青混合料类型的设计通过率/%			
	Ⅰ	Ⅱ	Ⅲ	Ⅳ
2.36	34.6	36.4	25.1	12.3
1.18	28.1	31.5	23.3	10.2
0.6	25.7	27.6	22.7	10.0
0.3	19.5	21.4	22.5	9.4
0.15	14.3	16.6	21.1	8.6
0.075	14.5	8.9	18.4	6.7

4.7.3 就地热再生沥青混合料沥青含量确定

(1) 确定再生剂用量

采用 RA-102 型再生剂对原路面老化沥青进行再生处理,再生剂的添加量按照老化沥青的质量比例,分别以 0、2%、4%、6% 的比例添加,制备再生沥青。随后,对添加了不同比例再生剂的再生沥青进行 25℃ 针入度测试。试验过程中,由于不同路面的原路面老化沥青 25℃ 针入度指标具有差异,因此,本次试验采用针入度最大与最小的两种原路面老化沥青进行试验,测试两种老化沥青在不同再生剂掺量下再生沥青 25℃ 针入度变化趋势,结果见表 4-18。就地热再生施工中外加新沥青为 SBS 改性沥青,设计 25℃ 针入度范围为 5.0~7.0mm,结合表 4-18 中不同再生剂用量再生沥青 25℃ 针入度试验结果,从保障再生沥青性能以及经济性角度,得到再生剂用量为 3% 时,原路面老化沥青均能够达到 SBS 改性沥青要求的针入度范围。因此,再生剂用量设计为 3%,考虑江西省属于高温多雨区域,不考虑低温的影响,不采用低温流变性能来确定再生剂用量。

不同再生剂掺量的再生沥青 25℃ 针入度测试结果　　表 4-18

再生剂用量/%	25℃ 针入度/0.1mm	
	1#老化沥青	2#老化沥青
0	36	45
2	43	52
4	58	69
6	71	83

(2) 马歇尔试验确定最佳沥青含量

以编号为 5 的 K312+900 施工单元为例,设计了再生沥青混合料的配合比为 C 类,外加新沥青混合料的矿料级配为 Ⅳ 类,其中原路面沥青混合料的沥青含量为 5.01%,而新沥青混合料的添加比例为 11.2%。马歇尔试验过程中,原路面沥青混合料的加热温度为 130℃,拌和温度为 150℃,而新沥青混合料的加热温度为 170℃,双面击实次数为 75 次。根据设计的材料组成,采用马歇尔试验,在150℃的条件下制备了沥青含量分别为4.2%、4.7%、5.2%、5.7%、6.2%的马歇尔试件,测试了不同沥青含量就地热再生沥青混合料试件的马歇尔体积指标、稳定度和流值指标,得到其与沥青含量之间的变化趋势如图4-20所示。

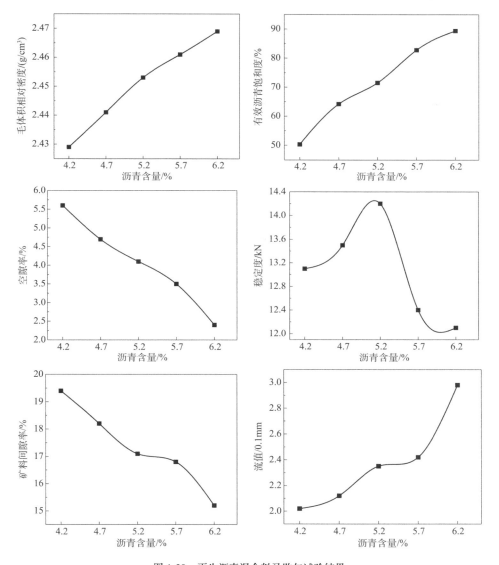

图4-20 再生沥青混合料马歇尔试验结果

SMA-13沥青混合料的空隙率、矿料间隙率、有效沥青饱和度以及稳定度的要求分别为3%~4.5%、≥16.5%、75%~85%以及≥6%,结合图4-20中测试结果,计算密度最大值、稳定度最大值、4%目标空隙率、沥青饱和度的中值对应的沥青含量 a_1、a_2、a_3、a_4 分别为6.2%、5.2%、5.3%、5.6%,得到 OAC_1 为5.58%。各项指标均满足技术标准要求(不含矿料间隙率指标)的沥青含量范围 OAC_{min}、OAC_{max} 分别为5.35%、5.87%,得到 OAC_2 为5.61%。再生沥青混合料的最佳沥青含量为5.6%。

沥青混合料的沥青膜厚度一般为6~10μm,假设外加新沥青混合料沥青膜厚度设计要求为8μm,采用式(4-24)、式(4-25)计算级配类型为Ⅳ类的外加新沥青混合料沥青含量,其中,外加新沥青混合料矿料级配的表面积系数计算见表4-19,得到外加新沥青混合料沥青含量的计算值为4.0%。

集料表面积系数计算示例　　　　　　　　　　　　　表4-19

筛孔尺寸/mm	集料表面积系数 FA_i	通过率/%	比表面积/(m²/kg)	比表面积总和/(m²/kg)
16	0.0041	100.0	0.41	
13.2	—	97.3	—	
9.5	—	58.5	—	
4.75	0.0041	19.8	0.08	4.89
2.36	0.0082	12.3	0.10	
1.18	0.0164	10.2	0.17	
0.6	0.0287	10.0	0.29	
0.3	0.0614	9.4	0.58	
0.15	0.1229	8.6	1.06	
0.075	0.3277	6.7	2.20	

根据外加新沥青混合料沥青含量计算结果,分别制备沥青含量为3.4%、3.7%、4.0%、4.3%、4.6%的外加新沥青混合料。外加新沥青混合料制备过程中,新集料、SBS改性沥青的加热温度均为175℃,新沥青混合料的拌和温度为170℃。按照《公路工程沥青及沥青混合料试验规程》(JTG E20—2011)中谢伦堡沥青析漏试验步骤,测试并计算新沥青混合料在170℃条件下的沥青析漏损失,结果见表4-20。《公路沥青路面施工技术规范》(JTG F40—2004)中要求析漏试验的结合料损失不高于0.1%,根据表4-20中的测试结果,确定外加新沥青混合料的沥青含量为4.3%。

沥青析漏损失测试结果　　　　　　　　　　　　　表4-20

沥青含量/%	3.4	3.7	4.0	4.3	4.6
析漏损失/%	0.05	0.07	0.08	0.09	0.16

就地热再生沥青混合料设计沥青含量为5.6%,原路面沥青混合料沥青含量测试结果为5.01%,外加新沥青混合料比例计算结果为11.2%,外加新沥青混合料的沥青含量为4.3%,再生剂用量为老化沥青质量比3%。根据不同材料的比例,计算可知就地热再生现场施工过程中需要添加新沥青混合料才能满足再生沥青混合料设计沥青含量要求,得到现场施工过程中外加新沥青含量为0.6%。

(3)再生沥青混合料配合比设计检验

针对江西省高温多雨的气候特点,检验上述设计再生沥青混合料配合比的高温稳定性、水稳定性、渗水性能,结果见表4-21。由表4-21可知,再生沥青混合料设计配合比性能检测结果满足设计要求。

再生沥青混合料性能检验结果　　　　　　表 4-21

序号	性能指标	检测结果	技术要求
1	浸水残留稳定度/%	87.9	≥80
2	冻融劈裂强度比/%	86.4	≥80
3	渗水系数/(mL/min)	54.2	≤80
4	动稳定度/(次/mm)	5686	≥3000

根据再生沥青混合料设计配合比,在 K312+900(编号 5)所在施工单元进行再生沥青混合料配合比设计验证,施工过程如图 4-21 所示。通过收集试验段再生沥青混合料,并进行再生沥青混合料高温稳定性、水稳定性、渗水系数检验,发现试验结果与表 4-21 中基本一致。因此,就地热再生沥青混合料配合比设计满足要求,能够用于指导工程实践。

图 4-21　就地热再生配合比设计现场验证

4.8　本章小结

本章总结了就地热再生材料组成设计关键技术,分析了就地热再生材料组成设计过程中将会面临的一些问题,并提出了改善就地热再生沥青混合料材料组成设计方案,得到的主要结论如下:

(1)采用就地热再生技术进行沥青路面养护时,需要进行充分的现场调研,分析就地热再生技术的适用性。对于能够采用就地热再生技术进行养护的沥青路面,施工前需要对施工路段进行详细调查,并针对性地设计就地热再生沥青混合料材料的组成。

(2)通过公路沥青路面技术状况评定,能够分析当前情况下沥青路面的技术状况,为沥青路面养护技术的选择提供依据。

(3)沥青路面就地热再生过程中,需要测试再生剂的性能是否满足技术要求,并对再生剂提出性能改进方法,通过分析再生剂对老化沥青的再生效果,确定再生剂的最佳用量。

(4)就地热再生材料组成设计将会受到原路面沥青混合料材料组成显著影响,然而,通常情况下原路面沥青混合料材料组成具有较高的波动性,导致就地热再生沥青混合料材料组成设计难以满足实际施工需求。本书考虑原路面沥青混合料材料组成波动的特点,提出将不同的施工路段划分为施工单元的方法,并采用聚类分析的方法将施工单元进行归类,按照不同施工单元类型分别设计就地热再生沥青混合料材料组成,提出了详尽的设计步骤,能够指导就地热再生沥青混合料材料组成设计,保障就地热再生沥青混合料的设计质量。

第5章 沥青路面就地热再生施工工艺

5.1 概述

沥青路面就地热再生技术是采用专用的沥青路面就地热再生设备,通过现场加热、铣刨,就地掺入一定比例的新沥青、新沥青混合料、再生剂等材料,经过现场拌和、摊铺、碾压形成再生沥青路面的技术。就地热再生施工过程中,开放性的施工环境,使就地热再生技术能否成功应用的关键点集中在现场施工工艺控制方面。

根据就地热再生施工工艺组成,加热阶段沥青路面能否均匀加热是保证原沥青路面中旧沥青材料是否充分软化的重要条件,若加热不均匀,将会出现局部施工路段温度过高或者过低的情况:过高的加热温度将会引起路面表层沥青碳化,降低再生剂的再生效果,且会影响再生沥青混合料的性能;过低的加热温度将不能充分加热原沥青路面,影响再生沥青混合料的出料温度,进而影响就地热再生沥青混合料的施工质量。铣刨阶段通常会就地掺加设计比例的新沥青、再生剂等,该阶段外加材料的质量应与设计质量相对应,并根据不同的铣刨速度动态调整外加材料用量,保持外加材料与设计一致;铣刨阶段再生剂与新沥青的使用也必须控制再生剂、新沥青添加时的分布均匀性,最大限度地发挥再生剂的作用效果。拌和阶段主要会影响原路面沥青混合料与外加新沥青混合料、再生剂、新沥青等拌和的均匀性,且会达到进一步提高再生沥青混合料温度的效果;过长的拌和时间对机组的总体施工效率不利,而过短的拌和时间将会影响新旧沥青混合料的拌和均匀性,可能会导致再生沥青混合料出现离析的情况。摊铺与碾压阶段将会影响就地热再生沥青路面的平整度、压实质量以及抗滑性能等,影响路面的耐久性。

虽然就地热再生技术在施工工艺方面存在诸多挑战,但是其能够充分利用原沥青路面,减少了新材料的使用量,能够实现资源的高效利用,有效降低了施工成本。就地热再生充分利用原沥青路面材料,能够有效地减少废弃物的产生以及碳排放,减少对环境的污染,符合绿色施工与可持续的发展理念。此外,就地热再生现场施工过程中,施工效率较高,能够适应高等级路面不同路段的养护需求,并保证再生质量。

综上所述,就地热再生技术的推广应用拥有诸多的优势,可以有效地解决沥青路面浅层病害问题,而科学、合理的施工工艺控制是实现优质、高效、环保的就地热再生技术应用的保障。因此,就地热再生施工过程中,有必要重视每一个施工环节,以确保就地热再生沥青混合料具有良好的长期使用性能。

5.2 就地热再生施工工艺流程

就地热再生的表面再生、复拌再生以及加铺再生施工工艺基本一致,主要包括四个阶段,分别为施工准备阶段、工程实施阶段、工程验收阶段以及投入运营阶段。三种工艺的主要区别在于工程实施阶段是否添加新沥青混合料,其他三个阶段基本一致。总结就地热再生施工工艺流程如图5-1所示。

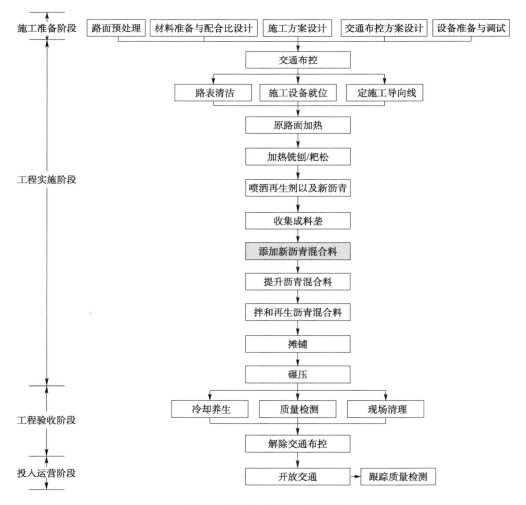

图5-1 就地热再生施工工艺流程

5.3 施工准备阶段

施工准备阶段主要包括路面预处理、材料准备与配合比设计、施工方案设计、交通布控方案设计以及设备准备与调试部分。

5.3.1 路面预处理

路面预处理主要包括四个部分:周围环境的隔热处理、路面病害的预处理、原路面特殊部位的预处理以及施工起止线处理。

(1)周围环境的隔热处理

就地热再生施工路段会涉及高速公路、城市道路等。对于高速公路,其中央分隔带通常有绿化/树木;对于城市道路,道路两侧将会有植物、加油站等。由于就地热再生施工过程中会吹出较高的温度,能够达到150℃以上,将会影响植物的生长,也会对加油站这种基础设施造成安全隐患。因此,就地热再生施工前必须对周围环境进行调查,对就地热再生施工过程中可能会产生热量影响的区域进行隔热处理。通常可以在施工区域形成由连续隔热板组成的隔热墙,或者采用隔热棉布对植被等进行覆盖处理。典型隔热棉布在高速公路就地热再生养护中的应用如图5-2所示。

图 5-2 就地热再生施工前植被的隔热处理

(2)路面病害的预处理

就地热再生施工主要用于处理沥青路面表面层(上面层)病害,有效处理深度达到40~60mm。然而,对于沥青路面病害深度已经高于就地热再生计划处治深度范围的路面病害,需要进行沥青路面病害的预处理。主要归纳为四类:

①松散类病害:沥青路面表层松散类病害的深度已经超过了就地热再生处理深度时,需要采用铣刨重铺的方式进行处理。

②变形类病害:沥青路面表层变形深度达到30~50mm时,需要采用冷铣刨的方式将凸出的变形部分进行铣刨,铣刨后的断面高度与原路面基本一致。

③裂缝类病害:沥青路面反射裂缝,需要采用冷铣刨的方式铣刨沥青路面的上、中面层,并铺设抗裂贴/聚酯玻纤布,如图5-3所示,再回填沥青混合料进行压实。由沥青路面基层强度不均匀引起的纵向裂缝等,需要采用注浆的方式对基层结构进行补强,再采用铣刨重铺的方式处理表面层被注浆材料污染的部分。

图 5-3 局部裂缝处置

④其他类病害:采用养护技术进行养护后的沥青路面修补类病害,对于养护质量较差,难以保证就地热再生施工质量的部分,应采用铣刨重铺的方式进行处理。

(3)原路面特殊部位的预处理

城市道路采用就地热再生施工时,路面的检查井、雨水排水井、污水井、燃气井、电力井等阻碍就地热再生铣刨施工且会产生易燃易爆气体的设施,需要在施工前进行处理,并做好隔热防护。通常,对于就地热再生施工路段存在各类井盖的情况,采用专业的铣刨设备在以上设施周边铣刨出足够的作业面,之后采用就地热再生施工。针对较为危险的井盖区域,建议就地热再生施工跳过该路段,并采用铣刨重铺的方式对原路面进行处理。含有井盖的路段施工时,采用钢板覆盖井盖,摊铺时一次性摊铺,并在摊铺后取出钢板并清扫钢板表面的沥青混合料,再进行碾压方能达到较好的施工效果。此外,对于井盖周边薄弱位置,宜采用小型平板碾压设备进行压实,避免对井盖底部的基础造成破坏。

就地热再生施工过程中面对桥梁伸缩缝时,宜采用小型冷铣刨机,铣刨鼓宽度为 0.5m,对桥梁伸缩缝与施工路段在同一方向的位置进行铣刨,铣刨深度为就地热再生施工深度,以便就地热再生施工过程中由伸缩缝引起的施工接头处理顺畅。当伸缩缝与路面的形成方向呈一定角度时,铣刨断面应与车道轴向垂直,且需要贯穿整个摊铺作业面。此外,为避免就地热再生施工过程中施工材料对桥梁伸缩缝造成污染,建议采用麻绳对伸缩缝进行覆盖,避免沥青混合料在施工过程中填充并污染伸缩缝。

(4)施工起止线处理

就地热再生施工过程中,为保证施工接缝的平顺且为直线,需要在施工起、终点位置进行预处理。宜采用铣刨鼓宽度为 0.5m 的小型冷铣刨机在起、终点位置沿着垂直行车方向铣刨,铣刨深度为就地热再生施工深度,铣刨长度为沿着行车方向 0.5m 左右,铣刨宽度为就地热再生施工过程中的热铣刨宽度。之后,采用人工切缝,使铣刨断面呈垂直分布,凿除多余的沥青混合料,并对铣刨断面进行清扫,完成就地热再生施工起止线处理。

5.3.2 材料准备与配合比设计

(1)材料准备

按照施工方案的工程量及要求,计算工程所需原材料的总量,提前准备工程所需各种原材料。根据沥青路面就地热再生施工工艺的差异,分别准备就地热再生施工过程中所需材料。采用表面再生工艺的沥青路面,施工准备阶段需要准备新沥青、再生剂、温拌剂(必要时)等材料;采用复拌再生以及加铺再生工艺的沥青路面,施工准备阶段需要准备新集料、新沥青、再生剂、温拌剂(必要时)、外加新沥青混合料等材料。就地热再生施工采用的各种原材料,应检测材料的基本性能指标,判断材料的基本性能满足设计要求后方能用于就地热再生施工。

在就地热再生施工过程中,需要添加新沥青混合料时,必须确保生产新沥青混合料的拌和站与施工现场之间的运距合理,并保证运输车辆数量充足,以满足现场连续用料的需求。由于就地热再生施工过程中外加新沥青混合料用量通常较低,运输车辆中的新沥青混合料需要较长时间才能被完全使用,新沥青混合料将会面临持续降温的情况,因此有必要使用棉被或帆布对新沥青混合料进行保温处理。

就地热再生施工前,根据每天的工程量提前计算所需再生剂的用量,为保证连续施工,施工设备中应备足一天的再生剂用量。在低温条件下,再生剂流动性较差时,为确保施工过程中再生剂的均匀喷洒,应提前将再生剂加热至较高温度,以增强其流动性。此外,外加新沥青的准备与再生剂类似,需要根据每天的工程量提前准备好,并保持在较高的温度水平,以便于喷洒施工。

就地热再生机组主要采用柴油驱动和加热,每天将会消耗大量的燃料。因此,在施工前应准备充足的燃料,合理考虑燃料的添加方式、时间和地点等因素,配备安全可靠的燃料添加设备和熟练的添加人员,并配备足够的消防器材,确保燃料加注过程科学、快捷、安全地进行。

(2)配合比设计

就地热再生沥青混合料的配合比设计主要包括再生剂的选择与用量确定、再生沥青混合料的配合比设计以及外加新沥青混合料的配合比设计。再生剂的选择与用量确定基于原路面中沥青的老化程度。再生沥青混合料的配合比设计需要考虑外加新沥青混合料的比例,以确定再生沥青混合料的矿料级配和最佳沥青含量。通过对再生沥青混合料性能的验证,分析其矿料级配和最佳沥青含量的合理性,从而得出再生沥青混合料的设计配合比。在确定再生沥青混合料的配合比后,根据外加新沥青混合料的掺配比例,计算其矿料级配,并确定最佳沥青含量。就地热再生配合比设计的具体方案与步骤详见第4章。

5.3.3 施工方案设计

施工方案设计不仅是保证施工质量和效率的基础,也是提高经济效益和环保效益的重要手段。它通过科学、合理的规划和设计,确保施工过程的各个环节都能顺利进行,从而实现沥青路面养护工程的预期目标。

沥青路面就地热再生施工方案设计通常需要包含七个主要内容,详见表5-1。

就地热再生施工方案设计的内容要求　　　　　表 5-1

标题		主要内容
工程概况	项目背景	简述施工项目的背景、目标及必要性
	路况调查	对旧路面现状进行详细调查,包括病害类型、严重程度、路面结构及交通流量等
技术方案	施工工艺流程	详细描述从路面加热、铣刨、再生料混合、摊铺到碾压的整个施工流程
	设备选型	确定所需的主要设备,如加热机、铣刨机、搅拌机、摊铺机和压路机等
	配合比设计	根据路面状况和施工要求,设计再生沥青混合料的配合比,包括旧料、新料、再生剂和新沥青的添加比例
	温度控制	制定加热、铣刨、混合和摊铺过程中各环节的温度控制标准,确保材料在最佳温度范围内施工
施工组织	施工准备	施工人员的组织、设备调配和施工现场的布置
	施工进度计划	根据工程量和工期要求,制订详细的施工进度计划,确保按时完成施工任务
	交通组织与安全措施	制订交通导行方案,确保施工期间交通顺畅,并制订详细的安全施工措施,保障施工人员和过往车辆的安全
质量控制	质量标准	明确施工各环节的质量标准和验收规范
	检测与监控	建立检测与监控体系,对各工序进行实时检测,确保施工质量符合设计要求
	质量问题处理	制订应对质量问题的预案,及时解决施工过程中出现的各种问题
环保措施	环保标准	制订施工过程中各环节的环保标准,确保施工过程中不产生环境污染
	废料处理	制订废料回收与处理方案,确保废旧材料得到合理利用
应急预案	应急方案	制订施工过程中各种突发事件的应急预案,如设备故障、恶劣天气等,确保施工顺利进行
经济与环境效益分析	经济效益分析	分析施工方案的经济效益,确保项目的经济合理性
	环境效益分析	分析施工方案的环境效益,确保项目具有良好的环保效果

表 5-1 中内容构成了一个完整的沥青路面就地热再生施工方案,通过科学、合理的设计和严密的施工组织,能够确保就地热再生施工达到理想的质量与应用效果。

5.3.4 交通布控方案设计

交通布控方案设计是施工方案设计中的重要组成部分,由于交通布控方案设计关系到施工安全问题,且会影响养护施工过程中社会车辆的通行安全,下面详细说明。

交通布控方案设计是保障施工安全的关键措施之一。通过设置警示标识、交通引导设施和安全隔离装置,能够有效地避免养护施工过程中交通事故的发生,保护施工人员以及车辆通行的安全。合理的交通布控方案能够规范施工区域以及交通流向,使现场施工有序进行,避免交通混乱等问题造成施工进度延误与施工不能顺利开展。通过科学、合理的交通布控方案设计,能够最大限度地减少施工对交通的影响,减少交通拥堵与行车延误,提高道路的通行能力以及公众对施工单位的满意度。此外,交通布控方案中应包括应急预案,能够快速应对突发交通事故情况,确保在紧急情况下能够迅速恢复施工及交通秩序。

交通布控方案设计中,常用的布控物资见表5-2。

交通布控物资　　　　　　　　　表5-2

名称	功能	样式
安全锥	警示、隔离、引导交通的作用	
施工警告爆闪灯	主动发光装置,可以放置于路面,也可设置于中央隔离带,起到警示作用	
施工标识牌	传递明确的施工信息、引导交通、警示和划定区域的作用	
禁止与解除超车标识	维护道路交通秩序和安全	
箭头指示标识	警示、引导交通的作用	
限速与解除限速标识	警示、引导交通的作用	

注:表中仅列出了一些常用标识,施工现场的具体配置应在此基础上根据实际需求进行调整,还可以增加其他标识,以增强警示、隔离和引导交通的效果。

沥青路面就地热再生施工过程中,施工现场交通布控方案设计应根据《公路养护安全作业规程》(JTG H30—2015)以及《公路工程施工安全技术规范》(JTG F90—2015)中的相关要求执行。

5.3.5 设备准备与调试

(1) 设备准备

沥青路面就地热再生施工前,进行设备准备与调试是保证就地热再生施工质量的关键步骤之一。根据实体工程中调研的就地热再生施工过程,以复拌再生工艺为例,施工现场机组配置如图5-4所示。

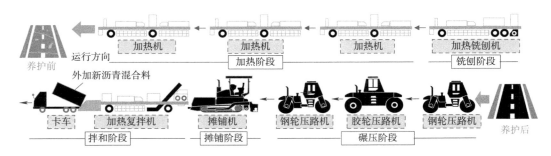

图5-4 复拌就地热再生施工机组配置

根据图5-4,结合就地热再生施工过程中材料运输、交通维护、路面养生以及施工起止线路位置处理方面的设备需求,总结就地热再生设备配置见表5-3。

就地热再生设备配置　　　　表5-3

设备名称		数量/台	功能
路面加热机		3	加热软化原路面
加热铣刨机		1	加热翻松原路面、添加再生剂等外加剂并形成料垄
加热复拌机		1	加热、新旧料拌和至预定温度
混合料运输车		2~3	运输外加新沥青混合料
摊铺机		1	摊铺再生沥青混合料,应具备自动找平功能,摊铺宽度与再生宽度相匹配
压路机	双钢轮	2	再生沥青混合料初压与终压
	胶轮	1	再生沥青混合料复压,充分复压有助于提高再生沥青混合料压实度
柴油加油车		1	再生机组燃油的补充
沥青保温车		1	运输再生过程中的外掺沥青
小型冷铣刨机		1	施工起、终点的铣刨处理
水车		1	为压路机提供水源
轻型货车		1	路面废料运输
小型铲车		1	施工过程中废料清理
交通标志车		1	运输施工过程中的标志标牌

根据表5-3中就地热再生施工所需设备要求,分别对设备进行检查,检查项目包括外观检查、功能检查、零部件检查以及润滑检查,主要内容见表5-4。

设备检查内容 表 5-4

项目名称	内容
外观检查	检查所有设备的外观是否有损坏,确保设备的完整性
功能检查	检查设备的各项功能是否正常,包括电气系统、加热系统、液压系统、传动系统等
零部件检查	检查关键零部件的磨损情况,如加热机的保温板、铣刨机的铣刨头、拌和机的搅拌叶片、摊铺机的熨平板等,必要时进行更换或维修
润滑检查	检查并补充各设备的润滑油、液压油等,确保设备润滑良好

设备准备方面,还需要准备必要的维修工具与设备,确保施工过程中能够及时处理突发情况。此外,需要备好易损件和常用配件,如铣刨刀头、搅拌叶片、柴油滤芯、皮带等一些消耗品。

(2)设备调试

设备调试方面的具体内容见表5-5。

设备调试内容 表 5-5

设备类型	调试内容
加热设备	温度调试:设定温度与实际温度要一致,出风口温度需要达到设计要求
加热铣刨设备	温度调试:设定温度与实际温度要一致,出风口温度需要达到设计要求; 铣刨调试:铣刨深度的设定值与实际值要一致,确保铣刨深度控制的准确性; 材料添加装置调试:新沥青、再生剂等添加设备能够正常运行,确保能够均匀洒布新沥青、再生剂等材料,且能够根据设计需要调整添加质量
加热复拌设备	温度调试:设定温度与实际温度要一致,出风口温度需要达到设计要求; 搅拌调试:搅拌装置能够正常运行
摊铺设备	摊铺厚度调试:摊铺厚度的设计值与实际值需要一致; 预热系统调试:检查摊铺机的预热系统,确保摊铺时能够正常加热
压实设备	压实参数调试:调试压路机的振动频率、振幅是否正常,并根据实际碾压需求,判断是否需要采用配重的形式提高碾压质量

设备调试过程中往往会伴随人员培训。就地热再生施工过程中现场施工人员包括路面养护工程师、机械工程师、工人、试验人员、交通安全警戒人员等。对于设备操作人员,需要加强设备操作培训,确保他们熟练掌握各类设备的操作方法和注意事项,特别是新技术和新设备的操作规程。对于设备维护人员,要加强设备保养和维修培训,确保他们能够及时发现并处理设备故障,延长设备使用寿命。对于其他相关人员,应根据其从事的工作类型的差异进行针对性培训,待培训合格后方能上岗作业。

5.4 工程实施阶段

5.4.1 准备工作

沥青路面就地热再生正式施工前,应根据就地热再生施工进度计划,按照交通布控方案对养护段实施交通布控，划分作业区域，确保施工区域安全，并向外界发布施工通知。准备完就地热再生施工所需人、机、料后，进行就地热再生现场施工前的准备工作。

就地热再生施工前需要进行路表清洁，清扫路表面的杂物以及原路面上的凸起路标，对于面积较大、深度较大的路面标线也应予以清除，如图 5-5 所示，并清扫铲除后的标线残渣。

为确保施工时边界线顺直，就地热再生施工前应划定再生设备的行走基准线。就地热再生施工过程中常采用的行走基准线为现有车道的分道标线。对于没有明显基准线的施工路段，需要以平滑、顺直、明显的原则施划基准线，以便驾驶员和操作人员观察和控制。

为确保施工起、终点的横向接缝平整且无错台，施工前需要根据路面的施工宽度施工起止线。常采用冷铣刨的方式，按照设计铣刨深度，铣刨长度为 0.5m、宽度为路面设计施工宽度的凹槽，并采用人工切缝，使铣刨得到的凹槽断面呈垂直分布，凿除多余的沥青混合料，并对铣刨断面进行清扫，完成就地热再生施工起止线处理，如图 5-6 所示。

图 5-5 路面标线铲除作业

图 5-6 起止线搭接位置铣刨作业

就地热再生施工开始前，按照设计机组配置，结合图 5-1 中施工顺序，在作业区内按照顺序将设备就位，然后进行设备预热，启动设备加热、铣刨、拌和装置，待设备完成预热以及路面达到加热条件后，报告现场负责人进行就地热再生施工工作。

5.4.2 原路面加热环节

图 5-7 原路面加热环节

就地热再生机组完成预热后，便可以开始就地热再生现场施工工作，原路面加热环节如图 5-7 所示。在就地热再生施工过程中，加热环节路面的温度水平直接影响再生沥青混合料的出料温度。因此，应严格控制加热工艺，使原路面的加热温度和加热深度达到施工要求，确保路面表层的沥青混合料不会因过热而碳化，从而保证就地热再生沥青混合料的施工质量。

根据当地的施工环境,原路面的加热通常使用 2~4 台加热设备,多数配置 3 台设备。在相同的预期加热温度下,加热设备的数量与机组的运行速度直接相关。使用较多加热设备的就地热再生机组能够实现更高的运行速度,而使用较少加热设备的机组则运行速度较慢。加热设备一般以 1.5~6m/min 的运行速度匀速行进,采用多台加热设备间歇式加热。

以常用的热风循环加热为例,路面加热过程中,设备加热炉的炉温建议梯度配置,控制在 500~550℃。对于不同的地区、季节以及路面条件,加热炉的炉温设定相应调整。路面加热后的温度应呈梯度上升的趋势,路表温度应控制在 90~200℃,热量渗透深度能够达到 40~50mm。原路面加热过程中,加热宽度比实际铣刨宽度每侧应至少宽出 200mm。在纵缝搭接处,加热宽度应超过搭接边线 150~200mm,以确保接缝处温度足够高,从而保证纵缝的有效热黏结。多台加热设备联合加热过程中,相邻加热设备之间路面与空气直接接触,如图 5-8 所示,加速了热量散失,因此有必要控制加热设备之间的距离,保证路面加热的温度适宜。

此外,为避免间歇加热过程中路表热量散失较多,可采用加装保温板的方式来减小热量散失速度,如图 5-9 所示。加热机还需要根据不同的施工环境,适时调整行进速度、单位时间的热量供应强度以及加热机之间的工作间隔距离、加热器与加热路面之间的间隙,保证各加热环节具有合适的温度梯度。

图 5-8 相邻加热设备之间路面特征

图 5-9 加热设备加装保温板

在路面加热过程中,可能会遇到原路面加热渗透效果较差的情况,即表层温度较高,而设计铣刨深度范围内的内部温度较低。这时,需要根据加热铣刨环节得到的铣刨料温度,评估加热效果,并及时调整加热设备的加热温度和行进速度等参数,以确保原路面的加热效果达到设计要求。

按照施工进度计划,在接近施工终点时,需要降低加热机的加热功率并减缓速度,采用单台加热机反复对终点前路段进行加热,以确保加热效果。此外,施工结束后需要及时给加热设备散热,以防止设备损坏。

5.4.3 加热铣刨/耙松环节

采用加热铣刨设备将原沥青路面铣刨成松散的沥青混合料,铣刨过程如图 5-10 所示。加热铣刨设备能够对旧路面持续提供热量,保障路面的整体加热温度,同时采用铣刨/耙松的方式将旧路面按照设计再生深度处理成松散的沥青混合料。在此过程中,铣刨/耙松的深度应保持稳定,如需要调整深度,应采用缓慢渐变的方式。

在沥青路面加热铣刨的初始施工阶段,设备对准施工起点线后,先降下设备两侧的铣刨装置。操作人员手动检查铣刨深度是否达到设计要求,并进行微调,以确保达到设计深度,然后开始对两侧的沥青路面进行铣刨,并操作设备前进。当中间的铣刨装置到达施工起点线边缘时,降下中间的铣刨装置,对中间的沥青路面进行铣刨。通常情况下,沥青路面施工过程中铣刨/耙松的深度为 20~50mm,铣刨/耙松深度要均匀,控制深度误差在±4mm 内,并建议每施工 200mm 进行铣刨/耙松深度调查,确保铣刨/耙松深度满足设计要求。否则,将会影响就地热再生施工的平整度,且会对现场施工的再生沥青混合料材料组成设计造成影响。

原路面加热铣刨过程中,热铣刨或翻松层的温度应控制在 90~180℃,并控制松散沥青混合料的断面温度平均值不低于 120℃。施工过程中需要随时检查铣刨/耙松后松散沥青混合料的断面温度,如果温度较低,则需要控制机组的运行速度,并通过调整设备之间的距离来减少热量散失,增加热量渗透时间,提高沥青混合料的断面温度,从而确保再生沥青混合料能够达到较高的出料温度。

在加热铣刨过程中,铣刨装置会将松散的沥青混合料聚集到道路中心,暴露出翻松层的底面,如图 5-11 所示。建议将翻松层底面的温度控制在 90℃以上。较高的温度将降低铣刨/耙松深度范围内沥青与集料之间的黏附性,从而减少铣刨过程中对矿料级配的破坏。

图 5-10　加热铣刨环节　　　　　　图 5-11　加热铣刨后的路面形貌

在原路面加热铣刨后,松散的沥青混合料会被处理并聚集到道路中心,形成一条梯形集料带,如图 5-11 所示。建议将梯形集料带的温度保持在 120℃以上。这条集料带能够减小原路面沥青混合料热量的散失速度,同时为运输新沥青混合料的车辆提供轮胎行走的空间。此外,为进一步减少梯形集料带的温度散失,必要时也可采用保温布遮盖梯形集料带。

在加热铣刨过程中,如果铣刨后的"路槽"边缘有多余的沥青混合料堆积,会影响碾压阶段的美观。因此,应安排专人将边缘多余的旧料铲除,并将其汇集到梯形集料带中,以便于进行下一阶段的拌和工作。施工结束后或需要抬起铣刨装置时,应安排工人用铁锹清除铣刨鼓下方的沥青混合料。

5.4.4 喷洒再生剂以及新沥青环节

在加热铣刨阶段,不仅能完成原路面铣刨/耙松的过程,也能进行新沥青和再生剂的喷洒,实现它们与旧沥青混合料的初步拌和。为了确保再生剂和新沥青在施工过程中喷洒的均匀性,采用旋转盘式喷洒系统,如图 5-12 所示。这种系统可以保证喷洒得均匀和准确,确保原路面沥青混合料的再生效果。

再生剂和新沥青应根据再生沥青混合料的配合比设计质量进行喷洒。在喷洒过程中,应保持喷洒量与加热铣刨设备

图 5-12 旋转盘式喷洒装置

的运行速度相对应,并能够实现自动控制,以确保准确按照设计比例进行喷洒。这种方式能够有效减少人为因素和设备运行速度变化对施工的影响。此外,由于不同施工路段原路面技术状况可能存在差异,在就地热再生施工过程中应根据路面材料的变化及时调整再生剂和新沥青的喷洒量,确保再生沥青混合料中再生剂和新沥青的使用量在可控范围内。最后,通过设备中间的铣刨装置将再生剂、新沥青与松散的原路面沥青混合料进行搅拌、翻松,形成一条初步预混合的梯形集料带。由于梯形集料带内部温度较高,进一步促进了新沥青、再生剂、老化沥青之间的相互作用,有利于提高老化沥青的再生效果。

在喷洒再生剂以及新沥青过程中,应确保其具有良好的流动特性。建议再生剂的温度保持在 60~80℃,而新沥青的加热温度应在 150℃ 以上。待再生剂和新沥青具有良好的流动性后,方可开始进行就地热再生施工工作。在再生剂和新沥青喷洒阶段,应定期检查喷洒口的流动情况,以防止堵塞影响喷洒量。

5.4.5 加热复拌环节

在加热拌和阶段,涉及三个方面:添加外加新沥青混合料、对新旧沥青混合料进行加热提升,以及对新旧沥青混合料进行拌和。

根据试验确定的外加新沥青混合料配合比,在沥青混合料拌和站中生产新沥青混合料,并通过运输车运送至就地热再生施工现场。在新沥青混合料添加过程中,根据加热复拌设备中卸料斗的容积逐步添加新沥青混合料,采用分次卸料的方式将其卸入加热复拌机料斗内,如图 5-13 所示。加热复拌机根据外加新沥青混合料设计比例,通过刮板将新沥青混合料均匀添加至原路面沥青混合料梯形集料(料垄)带表面,如图 5-14 所示。加热复拌设备的接料斗两旁应有专人负责料斗新料的添加,在新料添加到末尾时,采用人工将料斗内剩余新沥青混合料铲入输送器中。通过加热装置前方的螺旋搅拌器对新旧沥青混合料进行拌和,

如图 5-15 所示。在此过程中,加热复拌机的加热装置将持续加热初步拌和的新旧沥青混合料,以提升混合料温度至 10℃ 以上。此外,添加新沥青混合料时还需要考虑原路面材料的波动,并进行适当调整。应采用渐进式增加或减少的操作方法,以确保再生混合料始终有新料掺加,并尽量避免出现"憋锅"现象。

图 5-13　加热复拌机料斗内添加新沥青混合料　　　　图 5-14　添加新沥青混合料

借助加热复拌设备中的提升装置(图 5-16),将路面表层的新旧沥青混合料聚集到道路中心,然后通过刮板提升机将新旧沥青混合料输送至搅拌器进行最终拌和。刮板提升机能够确保在提升过程中新旧沥青混合料不会发生分离,并提供一个封闭的加热与保温环境,以确保混合料的均匀性和温度。

图 5-15　新旧沥青混合料初步拌和　　　　图 5-16　刮板提升机工作情况

在加热复拌设备搅拌器中,新旧沥青混合料、新沥青、再生剂等进行最终的热搅拌,形成均匀的再生沥青混合料,并按照设计要求的出料温度向摊铺机提供再生沥青混合料。搅拌器能够持续地为混合料拌和提供热量,具有加热保温的效果,以保障再生沥青混合料的温度符合施工要求。通常,再生沥青混合料的出料温度应不少于 130℃,搅拌器中再生沥青混合料的拌和时间建议不少于 30s。再生沥青混合料摊铺层的下承层温度在加热复拌设备的作用下应不低于 80℃,保证其与再生层之间具有良好的黏结效果,从而消除层间弱黏结界面,使施工后路面材料层间集料嵌挤形成连续的受力体系,提高再生后的路面承载能力和质量,达到延长道路施工寿命的目的。

为保证再生沥青混合料具有良好的拌和效果,搅拌器应采用间歇式的出料方式向摊铺机料斗内提供再生沥青混合料,不宜采用连续出料的方式。此外,搅拌器中复拌后的再生沥青混合料将会立即输送至摊铺机的料斗内,并控制再生沥青混合料出料后与摊铺机料斗内的刮板间距不能过大。

5.4.6 摊铺环节

再生沥青混合料摊铺阶段,摊铺机的料斗前端与加热复拌设备通过定位支腿相互接触,利用定位支腿推动摊铺机匀速前进或设定摊铺机以与加热复拌设备相同的运行速度匀速前进。摊铺施工与再生设备相互独立,只需采用与普通热拌沥青混合料相同的施工工艺。在施工过程中,需要调整摊铺厚度,控制路面的平整度,确保摊铺机能够匀速、直线、平稳地前进,并保持摊铺的平顺性。

再生沥青混合料摊铺之前,应将下承层的温度控制在80℃以上,如图5-17所示,以确保再生沥青混合料与下承层之间具有良好的热黏结效果。正常摊铺过程中,再生沥青混合料的摊铺速度应与就地热再生机组的运行速度一致,建议控制在1.5~4m/min。在摊铺过程中,建议实时监测再生沥青混合料的摊铺温度,并确保其不低于130℃,使再生沥青混合料具有良好的碾压和易性。

图5-17 再生沥青混合料摊铺施工

再生沥青混合料摊铺过程中,常常会遇到摊铺温度较低的情况。为了尽量减少摊铺后再生沥青混合料的热量损失,应尽可能增大熨平板的振捣力度,提高再生沥青混合料的初始密实度。这将有助于减少热量散失,为后续的压实过程创造有利条件。

5.4.7 碾压环节

图5-18 再生沥青混合料碾压效果

再生沥青混合料碾压需使用双钢轮压路机和胶轮压路机,如图5-18所示。与普通热拌沥青混合料相比,就地热再生沥青混合料的温度略低。为了控制热量散失,应采用跟进式碾压方式,即压路机紧随摊铺机进行碾压,二者之间的距离不宜超过10m。此外,为保障再生沥青混合料的压实温度,双钢轮压路机在不粘轮的情况下应尽量减少喷水量,而胶轮压路机则通过拖布蘸植物油涂抹轮胎来防止粘胎。

就地热再生沥青混合料的碾压工艺如下：初压使用双钢轮压路机进行一遍静压；复压阶段采用双钢轮压路机（小振）和胶轮压路机进行揉压，直至达到设计压实度；终压再用双钢轮压路机静压1~2遍，直至无轮迹为止。如果在复压后沥青路面没有明显轮迹且达到了设计压实度，则可以省去终压。此外，对于不同类型的就地热再生沥青混合料以及不同的施工温度，碾压设备的配置和工艺要求还应参考《公路沥青路面施工技术规范》(JTG F40—2004)的相关规定，以确保压实质量。

再生沥青混合料碾压时，应从低处向高处进行，先压实纵向接缝。在碾压过程中，压路机不得在碾压区段内转向、掉头、左右移动、中途停留、变速或突然制动。压路机折回处不应在同一横断面上，而应呈阶梯形排列。对于压路机无法压实的部分，应使用小型振动压路机或者振动夯板配合碾压。对于碾压完成的沥青路面，振动压路机在行驶过程中应关闭振动。

在就地热再生施工起步位置进行横向接缝碾压时，双钢轮振动压路机应以45°的角度压横向接缝和纵向接缝的直角，确保大部分钢轮位于原路面上。使用钢轮一侧约20cm的部分反复碾压横纵缝之间的直角，再进行中间部分的压实。完成一半的横向接缝碾压后，另一半的横向接缝采用相同工艺进行压实。当两个直角均碾压完毕后，方可开始正常的初压工作。

就地热再生施工过程中，对与原路面搭接的纵向接缝进行碾压时，应使用钢轮压路机。首先，让压路机在相邻的未施工路面或已再生的路面上行驶一遍，并搭接碾压新铺层，搭接宽度不超过30cm，进行骑缝碾压。随后再碾压新铺路面。碾压时，遵循先两边后中间的原则。

5.5 工程验收阶段

5.5.1 冷却养生

就地热再生沥青混合料在碾压完成后，沥青路面内部温度依然较高，在车辆荷载作用下路面容易发生形变。为此，在路面结束碾压后，应控制路表温度不高于50℃才能开放交通。盛夏时节，由于外界环境温度较高，导致路面内部温度下降速率减缓，开放交通时建议路表温度不高于45℃。

5.5.2 质量检测

沥青路面就地热再生施工后需要进行必要的质量检测，以评估就地热再生施工效果。通常，就地热再生施工后质量检测包括外观检查以及技术指标检查。

(1)外观检查

压实后就地热再生沥青路面的表面应平整密实,无明显的轮迹、裂痕、推移、油包、离析等缺陷。

(2)技术指标检查

压实后就地热再生沥青路面技术指标检查包括平整度、压实度、再生厚度、抗滑性能、渗水性能方面的检测,确保施工后沥青路面的平整度满足设计标准,压实度达到设计要求,再生厚度符合设计标准,抗滑性能以及渗水性能满足设计要求。上述指标具体要求应按照《公路沥青路面再生技术规范》(JTG/T 5521—2019)中的相关要求执行。此外,如果就地热再生施工质量控制标准在设计中有明确要求,则需要按照设计要求执行,否则应符合相关技术规范中的控制要求。

5.5.3 现场清理

就地热再生施工后,需要进行详细的现场清理工作,以便开放社会交通。根据就地热再生施工工艺流程,总结施工后现场清理的主要工作内容见表5-6。

现场清理的工作内容 表5-6

项目名称		主要内容
设备清理与撤离		就地热再生机组中残留沥青混合料清理,并将所有施工设备有序撤离即将开放交通区域,确保无障碍物滞留
废料处理	清理废料	将施工过程中产生的废旧沥青混合料、废弃包装材料等清理干净
	废料处置	将沥青混合料运输至沥青混合料拌和站,其他废弃材料应根据分类要求进行回收处理
路面清洁		将路面上的杂物、尘土和残留的施工材料清扫干净,必要情况下可采用水枪冲洗
标识标线恢复	恢复标线	施工结束后应及时划标线,确保标线清晰、规范
	设置标识	按照设计要求,安装施工区域的交通标志、路牌等,确保交通指示清晰
撤除安全设施	移除安全锥	移除划定施工区域使用的安全锥、围挡等,并注意作业安全
	移除临时标识	移除施工期间使用的临时交通标志、警示标志等

根据表5-6中的工作内容,完成施工区域内的现场清理工作,即可解除交通布控,开放交通。

5.6 投入运营阶段

沥青路面就地热再生养护施工后,为分析就地热再生施工质量及使用寿命,评估全寿命周期内就地热再生技术的养护效果,需要进行长期的施工质量跟踪监测工作。主要工作内

容如下:

(1) 日常巡检

定期对就地热再生施工后的路面进行巡查,检查路面病害的出现情况,并做好详细的路面病害日志,分析路面破损情况。

(2) 路面技术状况评价

每年度对就地热再生施工路段进行路面技术状况评价,计算再生沥青路面损坏状况指数、路面行驶质量指数、路面车辙深度指数、路面跳车指数、路面磨耗指数、路面抗滑性能指数、路面结构强度指数,分析就地热再生路面技术状况衰减趋势。

(3) 再生沥青路面性能评估

就地热再生沥青混合料施工后,在交通、环境等因素的综合影响下,再生沥青混合料性能将会衰减,影响其耐久性。因此,有必要定期评估再生沥青混合料的性能(空隙率、高温稳定性、低温抗裂性能、水稳定性、疲劳性能),分析再生沥青混合料性能的衰减趋势。

根据长期跟踪监测结果,构建路面材料性能、路面技术状况指标、交通与环境等因素之间的综合分析模型,评估就地热再生沥青混合料的耐久性,为沥青路面养护工程中就地热再生沥青混合料的科学设计以及就地热再生施工工艺的选择提供参考。

5.7 本章小结

本章分析了就地热再生施工工艺流程,并从施工准备阶段、工程实施阶段、工程验收阶段以及投入运营阶段提出了就地热再生技术应用的具体施工工艺要求,得到的主要结论如下:

(1) 就地热再生施工准备阶段,需要做好路面预处理、材料准备与配合比设计、施工方案设计、交通布控方案设计、设备准备与调试方面的工作,保障就地热再生施工能够顺利进行。

(2) 就地热再生工程实施阶段,应在施工前进行路面标志标线处理以及施工起止线处理工作。就地热再生施工主要包括原路面加热,加热铣刨/耙松,喷洒再生剂以及新沥青等,添加新沥青混合料进行加热复拌,再生沥青混合料摊铺与碾压。就地热再生机组施工过程中应严格控制各工序的施工要求,保障就地热再生施工质量。

(3) 就地热再生工程验收阶段,应做好现场质量检测工作,分析就地热再生技术的应用效果。之后,应完成现场清理工作,并在路表温度满足要求后,方能开放交通。

(4) 就地热再生沥青路面投入运营阶段,应进行长期的路面技术状况、再生沥青路面性能等方面的跟踪监测,分析就地热再生沥青路面长期性能衰减特征,评价就地热再生沥青混合料的耐久性,为就地热再生技术在养护工程中的选择以及再生沥青混合料科学设计提供参考。

第 6 章 就地热再生施工质量控制关键技术

6.1 概述

根据工程经验,沥青路面施工过程中,在保证沥青混合料材料均匀性、压实温度以及压实度的情况下,沥青路面的性能将会得到保证。然而,就地热再生现场施工的条件,导致再生沥青混合料的材料组成、压实温度等方面存在较大的变异性,再生沥青混合料压实质量存在不均匀性。因此,要实现高质量的就地热再生施工的目的,必须严格控制就地热再生的施工质量。

通过调研,就地热再生施工质量控制主要体现在以下几个方面:

(1) 旧路面加热均匀性控制

原路面加热是就地热再生施工过程中影响最终再生沥青混合料出料温度的最重要的环节,加热过程中必须要确保加热的均匀性,避免过热与加热温度不足的情况出现,确保加热深度与温度的一致性。

(2) 再生沥青混合料材料组成控制

就地热再生施工过程中的再生沥青混合料材料组成与配合比设计方案中材料组成的一致性是保证就地热再生施工质量的基础,施工中的再生沥青混合料材料组成与设计之间偏差过大将会影响沥青路面的使用寿命与性能。

(3) 再生沥青混合料的均匀性控制

就地热再生施工过程中,受到原路面老化沥青的影响,沥青与集料之间的黏附性变差,热拌过程中形成的再生沥青混合料可能会出现离析的情况,导致再生沥青混合料在摊铺、碾压后表面形貌不均匀,出现油斑或者单个集料嵌挤的情况,如图 6-1 所示。

(4) 再生沥青混合料摊铺与碾压控制

摊铺与碾压是就地热再生沥青混合料控

图 6-1 离析的再生沥青混合料碾压后的路表形貌

制施工质量的最后的关键步骤。摊铺过程中需要保证均匀摊铺,避免出现堆积与薄弱区域,还需要控制摊铺温度。碾压则需要根据再生沥青混合料不同的材料组成、压实温度调整碾压工艺,确保压实均匀性。

总体来说,就地热再生施工质量控制比较复杂,需要考虑的因素较多,在施工过程中需要统筹控制,才能确保就地热再生施工质量。因此,根据就地热再生涉及的不同施工环节,总结就地热再生施工质量控制关键技术,能够保证就地热再生施工质量,增强就地热再生沥青路面的耐久性,提高就地热再生技术的应用水平。

6.2 就地热再生施工质量管理流程

根据就地热再生施工流程,结合《公路沥青路面施工技术规范》(JTG F40—2004)中对就地热再生施工质量的控制要点,总结施工质量管理流程如图6-2所示。

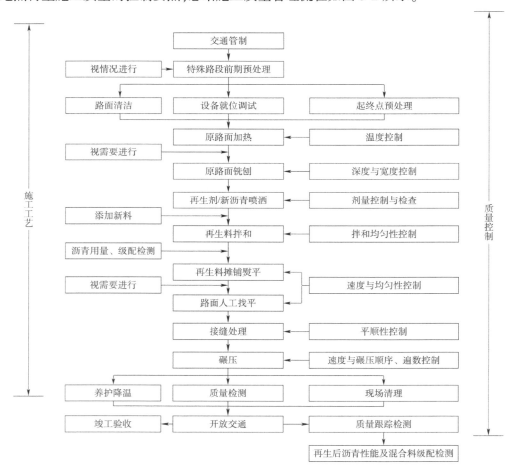

图6-2 就地热再生施工质量管理流程

根据就地热再生施工质量管理流程,得到就地热再生施工过程中再生质量控制标准与要求见表6-1与表6-2。

就地热再生施工过程中现场质量控制标准 表6-1

检验项目	检验频度	质量要求或允许偏差	试验方法
外观	随时	表面平整密实,无明显轮迹、裂痕、推移、油包、离析等缺陷	目测
纵、横接缝高差/mm	每200m测1处	≤3	3m直尺间隙
翻松裸露面温度/℃	随时	≥85(普通沥青)	紧跟铣刨刀头测量
		≥100(改性沥青)	
再生沥青混合料摊铺温度/℃	随时	≥120(普通沥青)	温度计测量
		≥130(改性沥青)	
再生厚度/mm	每1500m²检验1处	-1,+5(基于设计厚度)	T 0912
加铺厚度/mm	每1500m²检验1处	-1,+5(基于设计厚度)	T 0912
宽度/mm	每100m检验1次	≥设计宽度	T 0911
压实度/%	每1500m²检验1组	≥93(基于最大理论相对密度)	T 0924
平整度(标准差)/mm	全线连续	≤1.5(高速公路、一级公路)	T 0932
		≤2.5(其他等级公路)	
渗水系数/(mL/min)	每1500m²检验1处	符合设计要求	T 0971

注:渗水系数以及压实度控制标准参照现行《公路沥青路面施工技术规范》(JTG F40)执行。

就地热再生施工过程中沥青混合料控制标准 表6-2

检验项目		检验频度	质量要求或允许偏差	试验方法
混合料外观		随时	均匀、无离析、无花白料、无油团	目测
新沥青混合料、再生剂、沥青用量		随时	适时调整,总量控制	每天计算
再生沥青混合料级配/%	0.075mm	每个工作日1~2	±2	T 0725 或 T 0735
	≤2.36mm		±5(高速公路、一级公路);±6(其他等级公路)	
	≥4.75mm		±6(高速公路、一级公路);±7(其他等级公路)	
再生沥青混合料沥青含量/%		每个工作日1~2	设计值±0.3	T 0722 或 T 0735
马歇尔体积指标		每个工作日1次	符合规范要求	T 0702、T 0709
浸水马歇尔试验		必要时	符合规范要求	T 0702、T 0709
车辙动稳定度试验		每周1~2次	符合规范要求	T 0719

注:再生沥青混合料相关性能控制标准参照现行《公路沥青路面再生技术规范》(JTG/T 5521)执行。

根据上述控制要求,进行就地热再生施工过程监控,测试再生沥青混合料性能指标以及再生沥青路面性能指标,分析就地热再生施工效果。然而,上述仅在指标控制方面提出了具体要求,面对就地热再生温度多变、再生沥青混合料均匀性异动以及再生沥青混合料施工质量变异等显著问题,还需要针对具体问题分析成因,提出关键控制措施。

6.3 加热温度均匀性控制

6.3.1 沥青路面加热方案设计

根据李雪毅等学者的研究成果,就地热再生加热能够通过建立就地热再生温度场模型,采用有限差分法的离散方程,计算在加热过程中不同深度的沥青路面温度随着加热时间、风速、行驶速度等因素变化的情况,确定就地热再生结构层深度范围内沥青混合料温度达到设计温度时采用的工作参数。

仿真模拟的过程中,可以采用多台就地热再生加热设备对路面进行加热,模拟实际的加热情况。通常,需要根据工程中设计采用的加热机组数量进行模拟,并考虑相邻加热机组之间的热量散失过程。在仿真模拟的过程中,以热风加热循环机组为例,需要考虑对流换热与表面热辐射两个部分的加热情况;相邻加热机之间路面呈散热的情况,仅需要考虑路表与空气之间的对流热交换作用。

模拟仿真的过程中需要确定沥青路面材料的导热参数,如沥青路面的导热系数、沥青混凝土密度、沥青混合料比热、沥青路面热扩散速率。此外,还需要确定路面热流的初始条件,包括路表初始温度、机械热风口底板温度、热风温度以及热风流速。在此基础上,结合路面热传导模型,采用有限差分法计算路面温度场的数值解。具体求解过程见参考文献[25]中的相关内容。

就地热再生施工过程中,原沥青路面材料组成波动将会影响热传导效果,通过评估原路面材料情况,构建就地热再生加热机组施工过程中的路面热传递模型,即可计算不同深度范围内沥青路面结构层的温度变化特征,从而确定就地热再生施工过程中的施工速度、加热参数等指标,为工程中试验段铺筑采用的加热参数设计提供参考依据。

6.3.2 沥青路面加热温度监控

就地热再生加热机组加热过程中,为监控路表加热后的温度,常采用红外测温仪(温枪),以单点多次测量的方式评估沥青路表的加热温度,典型红外测温结果如图6-3所示。由图6-3可见,在相同的测试路段,不同加热机加热后路表温度测试结果具有较大的差异,温度极差最大能够达到30℃以上,难以准确评估沥青路面表层温度达到的实际效果。为分析沥青路面加热过程中断面温度特征,建议采用红外热成像设备进行路面加热施工各个阶段的温度监控。以江西省德昌高速沥青路面就地热再生施工为例,该工程施工过程中采用森远就地热再生机组,采用4台加热机进行原路面加热,设计就地热再生施工过程中各温度

第 6 章
就地热再生施工质量控制关键技术

采集节点与编号见表 6-3,各阶段的热成像测试结果如图 6-4 所示,温度变化统计结果如图 6-5 所示。

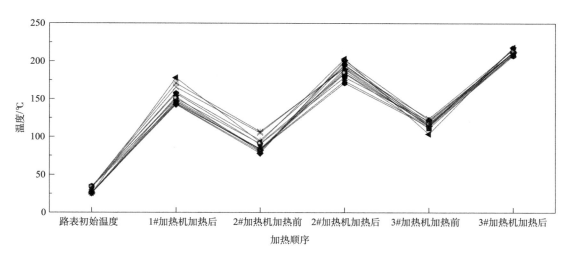

图 6-3 沥青路面加热阶段红外测温结果

就地热再生施工过程中测温节点及编号 表 6-3

就地热再生施工机组测温节点	编号	就地热再生施工机组测温节点	编号
原路面自然环境下温度	1#	第四台加热机加热后	8#
第一台加热机加热后	2#	加热铣刨机铣刨前	9#
第二台加热机加热前	3#	铣刨鼓铣刨后	10#
第二台加热机加热后	4#	铣刨起垄后	11#
第三台加热机加热前	5#	摊铺后温度	12#
第三台加热机加热后	6#	初压前温度	13#
第四台加热机加热前	7#	复压前温度	14#

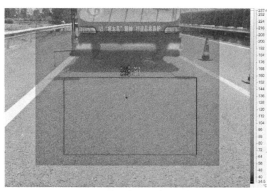

a) 1#原路面自然环境下温度

b) 2#第一台加热机加热后

图 6-4

c) 3#第二台加热机加热前

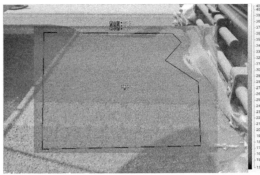

d) 4#第二台加热机加热后

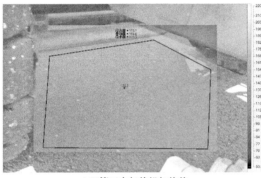

e) 5#第三台加热机加热前

f) 6#第三台加热机加热后

g) 7#第四台加热机加热前

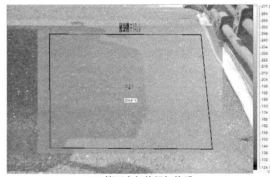

h) 8#第四台加热机加热后

i) 9#加热铣刨机铣刨前

j) 10#铣刨鼓铣刨后

图 6-4

图 6-4　不同施工阶段断面温度热成像测试结果

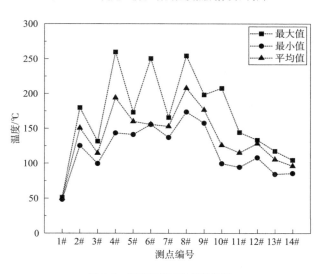

图 6-5　断面温度变化统计结果

根据就地热再生施工阶段断面温度分布可知,断面热成像采集能够准确分析分布的衰减趋势,有利于分析就地热再生施工过程中加热阶段的加热效果。因此,就地热再生施工过程中,建议采用断面热成像仪监控沥青路面施工全过程的温度变化,尤其是加热阶段的温度变化。

根据沥青路面就地热再生过程中断面温度变化趋势可知，沥青路面的表面温度将会随着加热机组的运行呈梯度上升的趋势。加热机组刚加热后，沥青路面表面温度达到最高值。然而，随着沥青路面表层与空气相互接触，路表热量将会迅速散失，降低幅度非常显著。因此，为了保证热量的渗透效果，减小沥青路面表层热量散失速度，提高沥青路面内部温度分布的均匀性，宜采用如下措施。

（1）控制相邻加热机组之间的运行间距

就地热再生施工过程中，相邻加热机组之间通常会保持一定的安全间距。然而，在实际施工过程中，相邻加热机组之间间距控制可能会发生疏漏，导致机组之间的加热间距过大，沥青路面表层热量散失程度较高，热量渗透效果较差。因此，就地热再生施工过程中需要严格控制相邻加热机组之间的运行间距，在加热机设计加热参数情况下，建议控制相邻加热机组之间的距离不超过4m。

（2）增加沥青路面表层保温措施

为控制加热机组加热后沥青路面表层热量散失，建议在加热机组前后位置安装保温装置。保温装置底部安装轮胎，并与加热机相连，能够与加热机一起运行。保温装置的宽度宜为加热机的加热宽度，长度应不小于5m，这样将会提供较为充足的时间促进沥青路面表层较高温度的二次渗透效果。此外，保温装置应采用折叠的形式，使用电动升降装置实现保温装置的灵活控制。根据测算，保温装置的使用能够提高加热装置的热量渗透效果，在相同的加热工艺情况下，保温装置能够提高路面内部温度平均值10℃以上。

6.3.3 沥青路面温度动态调控策略

就地热再生加热施工阶段主要用于控制不同阶段的温度，使其能够达到设计要求，并有效地控制再生沥青混合料的出料温度。根据图6-5中测试结果，就地热再生施工过程中温度控制受到多个阶段的共同影响，包括加热机加热前后的路表温度、铣刨后的RAP温度、复拌后的再生沥青混合料温度、摊铺温度以及碾压温度等。从整个就地热再生施工过程分析，上述温度的变化主要受到加热机的加热参数、设备运行速度、设备运行间距等因素影响。因此，沥青路面能够达到的温度主要受到上述参数的影响。为了将就地热再生施工温度控制在可控的范围内，提出就地热再生沥青路面施工温度动态调控策略，如图6-6所示。

根据图6-6中设计思路，通过智能采集装置，采集就地热再生施工过程中路表温度、设备运行速度、设备间距等信息，建立其与再生沥青混合料不同阶段温度之间的关系模型，预测就地热再生施工后能够达到的温度水平。根据设计温度要求，结合预测模型中对现有参数能够达到的温度进行预测，比较设计温度与预测温度之间的差异，进行设备施工参数的动态调控。当设备不具有智能采集装置时，可由施工人员测量不同阶段的施工温度，分析不同参数情况下温度的变化趋势，确定是否需要调整加热参数以适用现有路面的加热需求。

综上所述，就地热再生施工过程中，施工温度的监控应是频繁的，需要根据就地热再生沥青混合料的出料温度的变化,动态调整就地热再生机组的运行参数,使再生沥青混合料的温度达到更高、更均匀的水平,保障就地热再生施工质量。

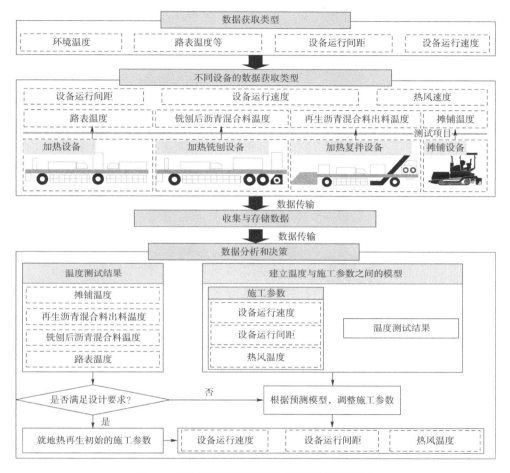

图 6-6 就地热再生沥青路面施工温度动态调控策略

6.3.4 加热设备技术创新

（1）沥青路面加热设备

根据图 6-5 中测试结果,再生沥青混合料的摊铺温度基本与铣刨后沥青混合料的断面温度均值一致。由此可见,沥青路面加热阶段,沥青路面内部能够达到的温度水平显著影响再生沥青混合料的最终温度。为此,有必要控制加热阶段沥青路面断面内部的温度均匀性以及温度水平。

通过调研,现有就地热再生加热机组存在比较严重的横向与纵向加热不均匀的问题,导致加热后的沥青路面呈现中间温度高、两边温度低的情况,如图 6-4 中加热阶段断面热成像结果所示。沥青路面断面温度加热不均匀,将会导致沥青路面层间温度梯度差异较大,影响沥青路面加热铣刨过程中矿料级配的稳定性。为此,江苏集萃道路工程技术与装备研究所

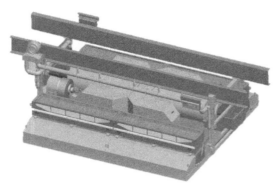

图 6-7　优化后的加热结构三维模型图

有限公司从设备方面进行改型,对现有热风加热装置的结构进行优化,优化后的结构如图 6-7 所示,产品设备 JH450 就地热风加热机如图 6-8 所示。优化后的加热结构采用小分区、多单元的热风循环加热模式,能够改善加热机组加热原路面过程中横向、纵向加热分布不均匀的问题,大幅提升沥青路面加热速率。通过测算,优化后的结构能够将加热后沥青路面表层温度极差降低至 30℃ 以内。

图 6-8　JH450 就地热风加热机

通过对加热设备进行改型,能够提高原路面内部的温度以及温度分布的均匀性,并在施工过程中采用多台加热设备梯度加热的模式,使沥青路面温度达到较高的水平。

(2)加热提温设备

采用加热设备对压实沥青路面进行加热,沥青路面内部始终会存在温度梯度,加热设备对压实沥青路面的热量渗透起到阻碍作用。为此,我国聚焦铣刨(耙松)后沥青混合料温度提升方面,提出对松散沥青混合料提温的概念,使松散的原路面沥青混合料达到较高的温度,以便于再生沥青混合料在就地热再生施工过程中能够达到较高的水平。在加热提升设备研发方面,徐工集团研发了就地微波加热机,如图 6-9 所示。通过微波加热的方式,达到提高松散沥青混合料温度的目的,还能在加热过程中达到均匀加热以及避免沥青老化、烤焦等目的。嘉鹏集团研发了 JP6000 机组提温器,如图 6-10 所示。JP6000 提温器用于耙松后形成料垄的原路面沥青混合料的二次集中提温,采用六轴耙扬耙帘进行热风全包裹式加热方式,实现对松散的沥青混合料的二次提温。通过二次提温,能够解决原路面加热过程中热量渗透较慢,路面表层出现高温焦化而内部温度较低,还能够提高松散沥青混合料的温度分布均匀性。

通过测算,采用加热提温设备对加热铣刨后的松散沥青混合料进行集中提温,能够提高松散沥青混合料温度 20~40℃,所形成的原路面松散沥青混合料的料垄温度能够轻松达到 130~160℃,再生沥青混合料最终的出料温度能够达到 140~170℃,沥青混合料的温度分布将会更加的均匀,所生产的再生沥青混合料温度水平基本与厂拌沥青混合料一致。

图 6-9 徐工集团 JH450W 就地微波加热机

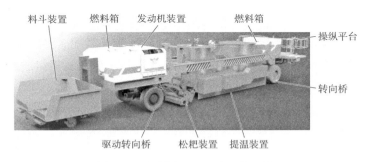

图 6-10 嘉鹏集团 JP6000 机组提温器

综上所述,采用常规就地热再生机组(加热设备、加热铣刨设备、加热复拌设备)进行就地热再生施工过程中,若面临原路面加热效果较差、耙松后沥青混合料温度较低且分布不均匀、再生沥青混合料摊铺温度较低的情况,建议引入加热提温设备来提高原路面沥青混合料的温度水平,这样不仅能够解决温度均匀性问题,还能够提高就地热再生机组整体的运行速度,工程经济效益可能会更加的显著。

6.4 再生沥青混合料材料组成控制

6.4.1 矿料级配控制

再生沥青混合料材料组成较为复杂,主要包括原路面沥青混合料、新沥青、再生剂、外加新沥青混合料等。根据第4章内容可知,就地热再生施工过程中,原路面材料组成、外加新沥青混合料比例存在不确定性,导致再生沥青混合料材料组成的显著波动。分析再生沥青混合料材料组成波动的类型,沥青含量能够通过现场外加的形式进行调整且用量可控,而矿料级配波动则是最不可控的因素,也是影响再生沥青混合料性能的关键因素。

再生沥青混合料矿料级配由原路面矿料级配以及外加新沥青混合料矿料级配组成。在外加新沥青混合料矿料级配不变的情况下,不同施工路段外加新沥青混合料比例的变化将会影响再生沥青混合料的矿料级配。然而,就地热再生施工过程中外加新沥青混合料的比例一般较低,掺量基本控制在 0~20% 范围内,导致外加新沥青混合料比例波动情况下,再生沥青混合料合成矿料级配差异在规范要求的级配波动范围内。由此可见,原路面矿料级配的波动才是影响再生沥青混合料矿料级配显著波动的主要因素。

为控制就地热再生施工过程中再生沥青混合料矿料级配波动范围在设计要求的范围内,应采用如下步骤:

步骤 1:再生沥青混合料矿料级配设计。

根据第 4 章中再生沥青混合料材料组成设计关键技术,考虑不同施工路段原路面材料组成波动,分别设计再生沥青混合料材料组成,并通过室内试验,验证再生沥青混合料材料组成设计结果的可行性,从而确定再生沥青混合料设计矿料级配。再生沥青混合料矿料级配设计结果可能会涉及多个方案,用于应对不同施工路段原路面材料组成差异的需求。

步骤 2:外加新沥青混合料矿料级配动态设计。

应根据就地热再生施工进度计划,按照单日施工进度计划划分施工单元,分别采集不同施工单元中原路面沥青混合料,测试原路面沥青混合料的矿料级配与沥青含量。以现场施工过程中施工单元内新沥青混合料添加量实际计算结果,作为相邻施工单元外加新沥青混合料比例的预估值。根据施工单元内的原路面矿料级配测试结果、外加新沥青混合料比例预估结果以及再生沥青混合料矿料级配设计结果,确定下一施工单元应采用的再生沥青混合料矿料级配方案。之后,根据外加新沥青混合料比例的预估值,计算施工单元应采用的外加新沥青混合料矿料级配。通过上述步骤,以施工单元划分每日的施工进度计划,能够准确地设计外加新沥青混合料矿料级配,实现准确控制施工过程中再生沥青混合料矿料级配的目的。

6.4.2 再生剂与新沥青用量控制

根据就地热再生机组设备类型的差异,再生剂与新沥青在就地热再生施工过程中有两种添加方式。第一种采用加热铣刨设备,在原路面铣刨后就地掺入设计比例的再生剂、新沥青等,再通过铣刨设备将原路面沥青混合料、再生剂以及新沥青等进行初步拌和,达到老化沥青再生的目的。第二种是采用加热复拌设备,通过将连续式拌和装置改型成间歇式拌和装置,实现沥青混合料拌和过程中能够计量添加至拌缸中新、旧沥青混合料的质量,再根据设计再生剂、新沥青的添加量,在拌缸中采用计量装置喷入设计质量的新沥青、再生剂等,达到制备再生沥青混合料的目的。下面根据两种设备类型的差异,提出再生剂、新沥青用量的控制策略。

(1)加热铣刨设备中添加再生剂、新沥青等材料

就地热再生施工过程中,再生剂、新沥青添加常用方式是在加热铣刨设备中设置添加装

置,分布在"品"字形加热铣刨设备中心的位置,如图 6-11 所示。由图 6-11 可见,就地热再生施工过程中常用的再生剂与新沥青材料添加基本分布在相同的位置,可采用喷洒或者旋转盘洒布的方式添加再生剂以及新沥青。

根据调研,加热铣刨设备中再生剂与新沥青添加装置是采用不同等级的开关控制,通过调整开关对应的挡位,实现再生剂与新沥青添加量的调节。然而,这个过程将会面

图 6-11 再生剂与新沥青添加装置

临两个显著的问题。其一,就地热再生施工速度动态调节时,外加再生剂、新沥青的用量也需要动态调整,相应地需要调整开关的控制等级;其二,不同温度下再生剂、新沥青的黏度将会影响实际的喷洒量,再生剂由于黏度相对较小,在不同温度下均能够通过电动泵的机械能作用进行喷洒,而沥青的黏度分布范围比较广,在较低温度下沥青的黏度较高,导致其难以被正常喷洒。由此可见,采用就地热再生加热铣刨设备添加新沥青、再生剂,需要控制再生剂、新沥青的温度,保证其能够顺利被喷洒至沥青路面。同时,还需要准确测量不同控制挡位时再生剂、新沥青的添加质量,以便于就地热再生机组运行速度变化的情况下能够相应调整控制挡位,使其能够达到再生沥青混合料中再生剂、新沥青的设计添加水平。

根据调研,就地热再生施工过程中再生剂的添加温度应控制在 20~80℃,以保证再生剂具有较高的流动性能,方便其喷洒至沥青路面。普通基质沥青作为外加新沥青时,沥青罐中的沥青温度应控制在 130℃以上,使其能够具有良好的流动能力;而改性沥青作为外加新沥青时,沥青罐中的沥青温度应控制在 150℃以上。

为控制再生剂与新沥青用量,首先,在就地热再生施工前应对新沥青、再生剂进行预热,使其达到设计预热温度要求,以保证再生剂、新沥青均具有良好的流动特性。其次,对添加装置中喷出的再生剂、新沥青进行现场标定,确定不同挡位的再生剂、新沥青添加速率。现场标定过程中,通过收集相同运行时间下不同添加挡位的新沥青、再生剂,即可确定单位运行时间再生剂、新沥青的添加量。典型新沥青添加量现场标定如图 6-12 所示。根据不同挡位再生剂、新沥青添加量的计算结果,结合不同运行速度情况下再生剂、新沥青需要添加的设计质量,即可确定就地热再生机组不同运行速度情况下再生剂、新沥青相匹配的添加挡位,使其满足再生沥青混合料的设计要求。

(2)加热复拌设备中添加再生剂、新沥青等材料

目前,就地热再生施工过程中再生沥青混合料拌和常采用连续式拌和方式。与厂拌沥青混合料生产相比,连续式拌和方式难以控制再生剂、新沥青的添加量,也会引起再生沥青混合料拌和均匀性问题。为此,以嘉鹏集团为代表的就地热再生设备研发公司,参考厂拌沥青混合料的间歇式拌和模式,研发了加热复拌设备,如图 6-13 所示。

图 6-12 外加新沥青现场标定

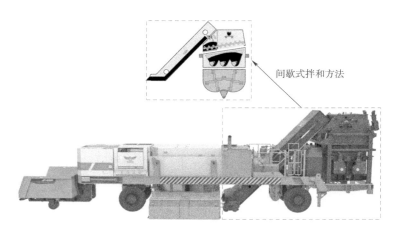

图 6-13 JP6000 机组加热复拌设备

图 6-13 中加热复拌设备将厂拌设备中沥青混合料间歇式拌和装置用于就地热再生沥青混合料拌和,同时将再生剂、新沥青等材料在加热拌和设备中通过添加装置进行定量加注。加热拌和设备中采用的间歇式拌和装置能够称量拌和锅中添加的新、旧沥青混合料的质量,同时能够定量加注再生剂、新沥青。因此,在采用此设备添加再生剂、新沥青过程中,应根据再生沥青混合料中再生剂、新沥青设计添加质量,结合设备中添加的新、旧沥青混合料质量,设计需要添加的再生剂、新沥青用量,实现设备运行过程中自动添加的目的。此外,该设备中需要添加的再生剂、新沥青也有控温要求,建议按照前文加热复拌设备中再生剂、新沥青的温度控制要求。

总体来说,不论是采用加热铣刨设备添加再生剂、新沥青等材料,还是采用加热复拌设备添加,就地热再生施工过程中还需要考虑原路面沥青混合料中沥青老化程度以及沥青含量的差异。就地热再生施工过程中,再生剂、新沥青用量应根据原路面材料组成的变化进行动态调控,并建议在施工过程中按照每日施工进度计划划分施工单元,分别分析再生剂、新沥青用量需求。此外,就地热再生施工过程中,还需要实时观测原路面铣刨后材料组成表现出的形貌特征变化,对于贫油的施工路段,应及时进行再生剂、新沥青添加量的动态调控,确保再生沥青混合料施工质量的稳定性。

6.4.3 再生沥青混合料均匀性控制

再生沥青混合料均匀性控制主要表现为离析的情况。原路面在使用过程中常会发生沥青老化的情况,导致沥青与集料之间的黏附性降低,在加热铣刨的过程中,原路面沥青混合料中粗集料与沥青胶浆分离,呈现出单个的集料颗粒,如图 6-14 所示。由图 6-14 可见,加热铣刨后的原路面沥青混合料中粗集料呈单个状态,表面很少裹附沥青与沥青胶浆,细集料与沥青胶浆之间相互结团,呈现粗细分类的状态。这种类型的原路面沥青混合料在添加新集料、新沥青、再生剂等材料热拌结束后,再生沥青混合料表面形貌特征如图 6-15 所示。由图 6-15 可见,即使添加新沥青混合料、新沥青、再生剂等材料拌和后,再生沥青混合料中依然存在比较明显的表面裹附少量沥青胶浆的粗集料的情况,说明热拌结束后再生沥青混合料中存在比较显著的离析情况,这将会影响沥青胶浆与集料之间的黏附性,降低再生沥青混合料的耐久性。

图 6-14 加热铣刨后松散的原路面沥青混合料形貌特征

图 6-15 再生沥青混合料热拌结束后表面形貌特征

分析就地热再生施工全过程再生沥青混合料中离析产生的原因,热拌过程中沥青胶浆始终没有达到游离的状态,使其在热拌时能够与集料之间形成良好的裹附效果。此外,老化的沥青胶浆黏附性降低,导致其与集料之间黏附性变差,这也是重要的原因之一。

通过对就地热再生施工过程中断面温度进行监控,发现就地热再生沥青混合料拌和后的出料温度较低,通常维持在 130~145℃,不能破坏沥青胶浆之间的团聚情况,并使其呈现出游离沥青胶浆的状态。此外,就地热再生施工过程中再生沥青混合料拌和时间较短,热拌过程中还是采用连续式拌和方式,导致再生沥青混合料中集料不能与沥青胶浆之间形成良好的热拌接触效果。因此,为提高就地热再生施工过程中再生沥青混合料的均匀性,宜采用以下控制方案：

方案一：通过提高温度来尽量降低拌和前老化沥青胶浆的团聚状态。受到原路面沥青老化以及老化沥青中所含矿粉等细集料的影响，老化沥青胶浆的软化点非常高，使其达到游离状态需要的温度将会更高，同时也需要更多的能量破坏老化沥青胶浆结团。为此，建议采用加热提温设备来提高铣刨后原路面沥青混合料的整体温度，温度越高的情况下，老化沥青胶浆越容易呈流动状态，产生老化沥青胶浆游离的情况。加热提温设备中的搅拌装置也能实现对老化沥青胶浆结团的破坏。

方案二：增强粗集料与老化沥青胶浆之间的黏附性。通过在就地热再生施工过程中添加抗剥落剂等材料，改善集料表面与沥青胶浆之间的黏附性，促进热拌过程中沥青胶浆与集料之间相互黏附，形成均匀的再生沥青混合料。

方案三：改变拌和工艺并延长再生沥青混合料的拌和时间。采用图6-13中间歇式拌和装置，实现热拌过程中原路面沥青混合料、再生剂、新沥青、新沥青混合料之间均匀混合，达到提高再生沥青混合料拌和均匀性的目的。此外，还可以通过延长拌和时间的方式提高再生沥青混合料的均匀性。然而，该方式将会降低再生沥青混合料的生产效率，导致就地热再生施工速度的降低以及工程施工时间的增加，降低就地热再生工程整体的经济与环境效益。因此，就地热再生施工过程中，应平衡再生沥青混合料出料效果与就地热再生施工速度之间的关系，确定最佳的拌和时间。

6.5 再生沥青混合料碾压均匀性控制

6.5.1 施工断面压实度监控方案

沥青路面施工过程中常会面临断面压实度分布不均匀，局部位置压实度不满足设计要求的情况，严重影响后期运营过程中沥青路面病害产生的速率，影响路面结构整体的耐久性。通过工程调研，以20m碾压断面为例，就地热再生沥青路面在完成碾压工序后，碾压断面毛体积密度测试结果如图6-16所示。由图6-16可见，沥青混合料碾压过程中，中心位置的沥青混合料毛体积密度较两侧的高，且不同位置沥青混合料毛体积密度的分布特征也不相同，说明沥青混合料在碾压施工过程中存在不均匀性，导致路面压实效果存在差异。

根据沥青混合料断面压实度表现出分布不均匀的测试结果，考虑就地热再生沥青混合料中老化沥青含量较高，压实不均匀将会对再生沥青混合料耐久性产生更为显著的影响。因此，有必要在就地热再生沥青混合料碾压过程中及时采集压实数据，分析再生沥青路面碾压薄弱位置或断面分布，及时调整碾压工艺，使碾压施工后断面压实度分布均匀且压实度能够满足设计要求。

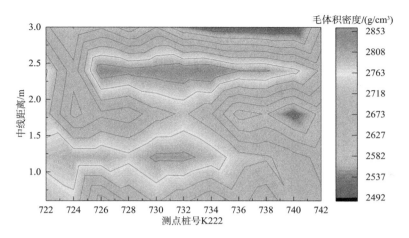

图 6-16 典型就地热再生施工路段断面压实度测试结果

沥青路面施工后通常是采用钻芯取样的方法评估压实度。该方法需要施工后沥青路面温度达到环境温度后方能进行,且钻芯取样的过程中需要较多的辅助人员,也不能及时获取压实度的测试结果。由此可见,采用钻芯取样的方法评估路面压实效果具有显著的滞后性,不能及时地为现场碾压施工提供指导。

随着技术的发展,沥青路面碾压后毛体积相对密度能够通过无核密度仪进行测试,设备如图 6-17 所示。由图 6-17 可见,沥青路面压实后断面压实度测量能够采用单点逐一测试的无核密度仪,也能够采用基于探地雷达的手推式沥青路面密度测试设备。上述设备能够在就地热再生沥青混合料碾压过程中及时采集压实沥青混合料的毛体积相对密度,并根据设计需要达到的最低毛体积相对密度,评估碾压过程中压实断面沥青路面压实度是否达到设计要求。采用无损方法测试沥青路面压实度,具有及时性、便捷性、可靠性的优势。

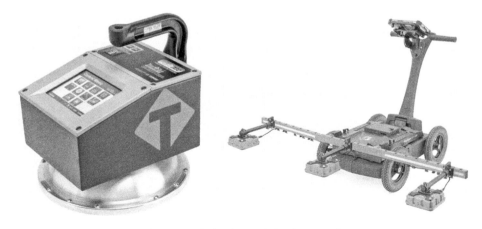

图 6-17 沥青路面断面压实度无损测试设备

就地热再生沥青混合料压实过程中,采用无损检测设备对完成碾压工艺操作的沥青路面进行检测,分析断面压实度分布特征,以便指导后续施工过程中碾压工艺的控制,发现断

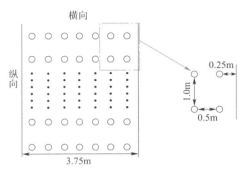

图6-18 断面压实度测点布置方案

面压实的薄弱位置,并相应地调整碾压工艺。采用无核密度仪进行断面压实度测量时,测点布置方案如图6-18所示。采用基于探地雷达的手推式沥青路面密度测试设备测量时,应对两侧轮迹带以及中心位置分别进行测量,分析断面压实度分布特征。

总体来说,就地热再生沥青混合料碾压过程中应及时获取碾压断面的压实度分布信息,并根据压实度测试结果,确定再生沥青混合料断面压实度薄弱区域,再相应调整碾压工艺,实现不同碾压工况下再生沥青混合料碾压工艺的动态调控,使再生沥青混合料断面压实度达到较为均匀的水平。此外,根据压实度分布特征,还能够发现摊铺过程中的一些工艺问题,为摊铺工艺的调整提供依据。

6.5.2 沥青路面智能压实技术

沥青路面智能压实技术是通过采用集成传感器、控制系统、GPS/GIS 技术和数据分析技术,实现对碾压过程中碾压位置、碾压遍数、碾压后的压实度的实时监测和控制,从而提高沥青路面的碾压质量以及压实分布均匀性。沥青路面智能压实控制原理如图6-19所示。

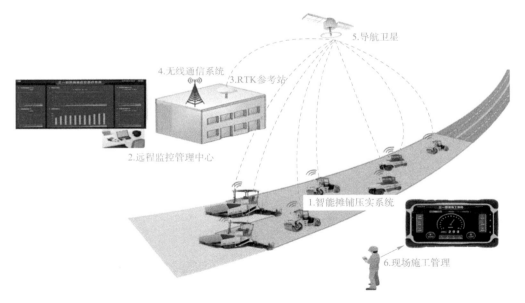

图6-19 沥青路面智能压实控制原理

(1)传感器监测方面

采用温度传感器获取摊铺后沥青混合料的路表温度,确保碾压过程发生在适宜的温度范围;采用压实度传感器实时监测施工过程中路面的压实度;采用位移与速度传感器,监测压路机的行驶速度、位移等参数,确保断面压实的均匀性,避免漏压与过压的情况出现。

(2) GPS/GIS 定位与数据集成方面

采用 GPS 技术对压路机进行精准定位,详细记录压路机在行驶过程中的路径,确保压实过程覆盖全路段没有疏漏;采用 GIS 技术将传感器监测的数据映射到电子地图上,形成压实数据可视化图像,方便进行现场管理。

(3) 智能控制系统方面

根据传感器的实时监控数据,智能控制系统能够自动调节压路机的工作参数,确保压实效果;对于沥青路面存在薄弱压实环节,智能控制系统可根据反馈的数据,动态调整施工参数,达到局部补强的目的。

(4) 数据分析与记录方面

智能压实系统工作过程中会自动记录实时监控参数中的各项数据,形成详细的施工日志;通过分析实时监控数据,尤其是针对压实度的分布情况,能够识别一些潜在问题,可为后续施工和质量控制提供依据。

综上所述,采用智能压实系统对沥青路面进行智能碾压,能够实现压实方案优化的目的。此外,智能压实系统还能够判断碾压断面薄弱区域,实现动态调整碾压工艺的目的,并根据不同的施工环境和条件,动态调整压实工艺,优化压实效果。目前,常用的智能压实系统包括 Caterpillar 智能压实系统以及 Trimble CCS900 压实控制系统,未来智能压实技术将会随着科技的进步变得更精确化,能够显著提升沥青路面的施工质量,减少施工成本与施工时间。

6.6 其他控制要求

6.6.1 加热铣刨深度控制

就地热再生施工过程中,铣刨深度的准确控制影响铣刨后松散沥青混合料的材料组成。铣刨深度超过设计铣刨深度时,可能会涉及表面层以下结构的沥青混合料被铣刨,导致松散沥青混合料矿料级配发生变化。铣刨深度小于设计铣刨深度时,表面层结构的铣刨深度较浅,铣刨后沥青混合料中表层老化程度较高的沥青混合料占比将会提高,沥青老化程度将会加深。铣刨深度与设计铣刨深度相差较大均会影响再生沥青混合料的材料组成,导致就地热再生施工效果受限。为此,就地热再生施工过程中,应根据表 6-1 中的要求对铣刨深度进行监控,现场测试如图 6-20 所

图 6-20 铣刨深度现场测试

示。根据铣刨深度测试结果,判断是否需要调整铣刨设备的铣刨参数,使铣刨深度满足设计要求。

6.6.2 摊铺质量控制

摊铺质量控制主要包括摊铺温度、摊铺厚度、摊铺速度、摊铺宽度、摊铺表面控制方面。

(1)摊铺温度控制

就地热再生机组在施工过程中对沥青混合料的加热效果直接影响最终的就地热再生沥青混合料摊铺温度,为保证良好的摊铺质量,就地热再生摊铺过程中摊铺温度应控制在130℃以上。此外,为达到良好的摊铺效果,就地热再生沥青混合料的摊铺温度建议控制在150℃以上。然而,实际施工过程中,就地热再生沥青混合料的摊铺温度基本维持在130~140℃,对于含有改性沥青的再生沥青混合料来说,该摊铺温度处于较低的状态。因此,为控制就地热再生沥青混合料的摊铺温度,施工过程中应尽量提高加热阶段原路面沥青混合料能够达到的温度水平,并采用加热提温设备对铣刨后的沥青混合料进行集中提温,使其温度达到130℃以上,从而保证就地热再生摊铺温度能够维持在150℃以上的水平,实现良好的摊铺效果。

(2)摊铺厚度控制

就地热再生沥青混合料摊铺过程中应控制摊铺厚度的均匀性,避免局部过厚或过薄的情况出现。为控制再生沥青混合料摊铺厚度的准确性以及均匀性,建议采用自动找平系统进行沥青混合料摊铺厚度控制。此外,还可以通过人工调查的方式测试摊铺厚度,再进行人工调整摊铺机的工作,实现摊铺厚度的精准控制。

(3)摊铺速度控制

摊铺速度的大小以及均匀性影响再生沥青混合料摊铺后表面平整度,就地热再生施工过程中应控制摊铺速度与就地热再生机组运行速度一致,且匀速行驶。

(4)摊铺宽度控制

摊铺宽度应与就地热再生铣刨施工宽度一致,尽量采用一次性摊铺的模式,避免分段摊铺的情况出现。摊铺过程中,应控制好摊铺路面与旧沥青路面之间的纵向接缝处理,确保纵向接缝平顺且牢固。

(5)摊铺表面控制

再生沥青混合料摊铺施工应控制摊铺层表面的平整度,还需要避免摊铺离析的情况出现。再生沥青混合料摊铺施工过程中,应根据路面的摊铺效果,动态控制摊铺机的调平装置以及熨平板,提高再生沥青路面整体的摊铺均匀性以及表面的平整度。此外,摊铺过程中若涉及补料的情况,考虑到再生沥青混合料容易洒布离析,建议采用新沥青混合料进行补料。

6.6.3 再生沥青混合料质量控制

施工现场就地热再生沥青混合料质量监控有利于分析再生沥青混合料设计材料组成的合理性,是确定再生沥青混合料配合比的重要环节之一。因此,根据每日施工进度计划,应检测再生沥青混合料性能,判断其是否满足设计要求,再依据再生沥青混合料性能测试结果,对再生沥青混合料的材料组成进行动态调控,使其能够满足设计要求。

6.7 本章小结

本章从控制就地热再生施工质量角度,提出了就地热再生施工质量的管理流程及管理的关键环节,并从就地热再生加热温度均匀性、再生沥青混合料材料组成设计以及再生沥青混合料碾压均匀性方面提出了控制策略,研究得到的主要结论如下:

(1)就地热再生施工过程中涉及的程序复杂,不同施工工序均有相对应的质量控制要点内容,在施工过程中应重点关注,确保就地热再生技术的施工质量。

(2)通过仿真模拟的方式,能够根据设计温度要求,确定就地热再生机组运行的相关参数,便于指导试验段施工参数的控制。采用红外热成像技术对就地热再生施工全过程温度进行实时监控,再通过调整加热参数、设备运行速度、设备运行间距以及使用保温措施,实现原路面沥青混合料温度的动态调节,使其能够达到设计控制要求。通过优化加热设备的加热结构以及采用加热提温设备的方式能够提升原路面沥青混合料的加热温度,也能够保障沥青混合料的加热均匀性。

(3)就地热再生施工过程中将会面临再生沥青混合料材料组成的显著波动,就地热再生施工过程中,应详细规划施工方案,划分就地热再生施工单元,并采集施工单元内原路面材料组成、外加新沥青混合料比例、沥青老化程度等相关信息,方能针对设计再生沥青混合料,确定各种材料的使用质量,确保再生沥青混合料材料组成的稳定性。此外,还需要控制再生沥青混合料时能够达到的温度水平、拌和参数、拌和时间等,生产均匀性更高的再生沥青混合料。

(4)采用无损检测的方法对完成压实工艺的就地热再生沥青路面进行压实度检测,分析压实度分布的均匀性,确定碾压薄弱区域,以便后续施工过程中能够控制再生沥青混合料碾压工艺,提高再生沥青路面断面碾压质量分布的均匀性。此外,还可以通过智能压实技术,实现路面压实质量动态监测以及压实工艺动态调整,确保路面压实质量。

(5)就地热再生施工过程中还需要对加热铣刨深度、摊铺质量以及再生沥青混合料质量进行监控,保障就地热再生的施工质量。

第 7 章
工程实践

7.1 工程案例一

2017年,江西省泉南高速石城—吉安段采用就地热再生技术对上面层4cm AC-13沥青混合料进行处理。工程施工过程中采用森远就地热再生机组进行就地热再生施工。就地热再生机组采用3台加热设备、1台加热铣刨设备、1台加热复拌设备、摊铺设备、压实设备、混合料运输车等进行就地热再生现场施工,如图7-1所示。

图 7-1　泉南高速石吉段就地热再生现场施工

7.1.1 再生沥青混合料配合比设计

(1)原路面沥青混合料测试

采用切割的方法获取施工路段的原路面沥青混合料,切割施工过程中切割深度为面层深度。根据设计就地热再生施工路段分布,选择6个位置进行原路面沥青混合料取样,将切割后的试块置于干净铁盘中,采用120℃的温度将试块烘散成松散的沥青混合料。将松散的沥青混合料采用四分法进行取样,结合抽提法测试不同取样位置原路面沥青混合料的矿料级配与沥青含量,测试结果见表7-1,原路面不同取样位置沥青混合料矿料级配分布如图7-2

所示。根据原路面沥青混合料矿料级配测试结果可知,不同施工路段的原路面沥青混合料矿料级配之间有较大的差异,原路面沥青混合料矿料级配不稳定。此外,不同施工路段原路面沥青混合料油石比也有较大的差异,最大差异能够达到2.0%。

原路面沥青混合料矿料级配与沥青含量测试结果　　　　　表7-1

筛孔尺寸/mm	筛孔通过率/%						
	K454+296 上行	K460+192 上行	K501+016 上行	K499+786 上行	K506+200 上行	K510+920 上行	平均值
16	100.0	100.0	99.3	100.0	100.0	100.0	99.9
13.2	89.8	95.6	95.9	95.0	94.2	95.1	94.3
9.5	63.5	75.8	74.6	74.4	76.5	78.0	73.8
4.75	35.0	50.6	49.2	50.0	51.7	53.3	48.3
2.36	26.3	31.6	38.0	37.1	36.3	35.1	34.1
1.18	19.5	23.5	26.2	24.3	25.6	25.1	24.0
0.6	14.5	17.6	18.9	15.6	18.0	18.0	17.1
0.3	10.3	11.7	12.1	11.3	11.9	12.3	11.6
0.15	8.8	10.5	9.1	10.0	9.5	9.8	9.6
0.075	6.8	6.8	6.8	7.3	6.9	7.1	7.0
油石比/%	3.2	4.2	4.0	5.2	4.3	4.2	4.2

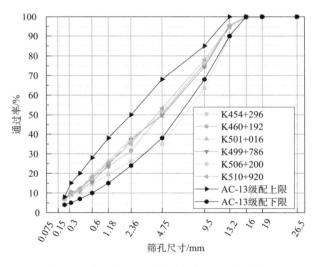

图7-2　原路面沥青混合料矿料级配测试结果

采用离心分离机器将抽提法得到的沥青溶液中的矿粉分离,然后采用旋转蒸发器进行沥青回收,测试回收沥青的针入度、延度、软化点及动力黏度指标,结果见表7-2。根据测试结果,旧路面沥青针入度下降,延度变小,软化点升高,说明沥青明显老化,需要添加再生剂进行再生,以改善沥青性能,延长路面的使用寿命。

原路面回收沥青基本性能测试结果 表 7-2

桩号	25℃针入度/0.1mm	5℃延度/cm	软化点/℃	动力黏度/Pa·s
K454+296	31	12	69.5	2009
K460+192	33	11	70.0	1452
K501+016/K499+786	32	14	69.0	1435
K506+200/K510+920	34	14	69.0	1987

施工采用的再生剂为辽宁鞍山双成科技有限公司所生产,设计0、3.0%、6.0%再生剂用量的再生沥青,确定再生剂用量为旧沥青质量比3.0%时,再生沥青的25℃针入度指标能够达到新沥青针入度指标水平。

(2)原材料测试

就地热再生施工过程中采用的原材料包括10~15mm、5~10mm、3~5mm玄武岩集料以及0~3mm机制砂,新集料基本性能指标测试结果见表7-3,新集料筛分结果见表7-4。新沥青采用I-D SBS改性沥青,测试得到新沥青的25℃针入度、软化点、5℃延度分别为5.29mm、79℃、63cm,满足改性沥青的技术控制标准。

新集料基本性能指标测试结果 表 7-3

试验项目	技术要求	10~15mm	5~10mm	3~5mm	0~3mm
表观相对密度	≥2.60	2.931	2.932	2.736	2.727
毛体积相对密度	—	2.892	2.874	2.694	2.669
吸水率/%	粗集料≤2.0	0.46	0.69	0.58	—
	细集料无评定标准	—	—	—	0.73

新集料筛分测试结果 表 7-4

筛孔尺寸/mm	10~15mm	5~10mm	3~5mm	0~3mm
19	100.0	100.0	100.0	100.0
16	97.5	100.0	100.0	100.0
13.2	67.6	100.0	100.0	100.0
9.5	7.8	97.1	98.9	100.0
4.75	0.8	5.7	85.5	99.6
2.36	0.8	0.5	13.7	87.4
1.18	0.8	0.5	7.7	62.0
0.6	0.8	0.5	5.7	37.9
0.3	0.8	0.5	4.4	19.4
0.15	0.8	0.5	4.0	14.0
0.075	0.8	0.5	3.6	10.1

(3)再生沥青混合料矿料级配设计

采用原路面沥青混合料矿料级配均值进行再生沥青混合料矿料级配设计,设计外加新沥青混合料比例为14%,初步确定三条再生沥青混合料矿料级配曲线,如图7-3所示。

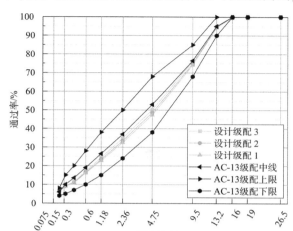

图7-3 再生沥青混合料设计矿料级配曲线

根据图7-3中再生沥青混合料设计矿料级配曲线,初拟再生沥青混合料最佳油石比为4.9%,再按技术规范及操作规程进行再生沥青混合料马歇尔试验。马歇尔试验过程中试件两面击实各75次,再生沥青混合料的理论最大相对密度采用实测法测量,马歇尔试验结果见表7-5。由表7-5可知,设计级配3的再生沥青混合料马歇尔指标结果更优,因此,选择设计级配3作为再生沥青混合料的矿料设计级配。

不同设计级配的再生沥青混合料马歇尔试验结果　　　　　　　表7-5

级配类型	毛体积相对密度	理论最大相对密度	空隙率/%	稳定度/kN	流值/mm
设计级配1	2.432	2.592	6.2	18.47	2.3
设计级配2	2.452	2.583	5.1	18.64	2.9
设计级配3	2.461	2.578	4.5	18.61	2.2

(4)再生沥青混合料最佳油石比确定

根据设计级配3,计算外加新沥青混合料的矿料级配,并通过析漏试验测试新沥青混合料的最佳油石比。分别测试5.1%、5.4%、5.7%油石比下外加新沥青混合料的析漏损失结果分别为0.03%、0.12%、0.19%,规范要求析漏损失不大于0.2%。根据测试结果,发现3组油石比的析漏试验均符合规范要求,但5.7%油石比沥青混合料的析漏结果偏高,在实际观察中也发现了油量偏多。因此,确定外加新沥青混合料的油石比为5.4%。外加新沥青混合料的配合比为:10~15mm:5~10mm:3~5mm:0~3mm=21%:36%:14%:29%。

根据规范要求及本地区AC-13密级配沥青混凝土常规沥青用量,再生沥青混合料油石比分别设计为4.6%、4.9%、5.2%、5.5%,再生剂用量为老化沥青质量比3.0%。分别制备不同油石比的再生沥青混合料,并按照马歇尔试验要求成型试件,检测再生沥青混合料的体积参数和稳定度、流值指标,试验结果见表7-6。根据马歇尔试验测试结果,确定就地热再生沥青混合料的最佳油石比为4.9%。此外,由于现场施工过程中不同施工路段原路面沥青混合料中油石比含量不同,因此,现场外加新沥青用量应根据现场检测原路面沥青混合料中油石比来计算确定,确保就地热再生施工后再生沥青混合料的总油石比为4.9%。

不同油石比的再生沥青混合料马歇尔试验结果　　　　表7-6

油石比	毛体积相对密度	理论最大相对密度	空隙率/%	稳定度/kN	流值/mm
4.6	2.434	2.584	5.8	18.02	2.4
4.9	2.460	2.578	4.6	18.29	2.4
5.2	2.477	2.572	3.7	18.48	2.8
5.5	2.491	2.567	3.0	17.64	2.7
规范要求	—	—	4~6	≥8	1.5~4

(5)再生沥青混合料性能验证

分别采用车辙试验、浸水马歇尔试验、冻融劈裂试验验证再生沥青混合料的性能。根据规范中要求的步骤进行再生沥青混合料车辙试验、浸水马歇尔试验、冻融劈裂试验,试验结果见表7-7~表7-9。根据最佳油石比情况下再生沥青混合料性能测试结果,本次配合比设计方案的再生沥青混合料性能测试结果均满足规范要求,说明本次就地热再生沥青混合料配合比设计结果能够用于指导工程实践。

车辙试验结果　　　　表7-7

类型及编号	动稳定度/(次/mm)			
	测试结果	平均值	变异系数/%	规范要求
AC-13-1	5339	5788	8.4	≥2800
AC-13-2	5727			
AC-13-3	6300			
结论	该沥青混合料高温稳定性符合规范要求			
备注	1.试件尺寸300mm×300mm×50mm; 2.试验温度60℃,轮胎压力0.7MPa; 3.试验方法 T 0719			

浸水马歇尔试验结果　　　　表7-8

试验项目	马歇尔稳定度/kN	浸水马歇尔稳定度/kN	浸水残留稳定度/%	规范要求/%
测定值	15.55	15.49	88.5	≥85
	19.73	16.52		
	17.47	14.59		
	16.76	14.91		
平均值	17.38	15.38		
结论	该沥青混合料浸水残留稳定度符合规范要求			
备注	试验方法 T 0709			

冻融劈裂试验结果 表7-9

试验项目	冻融劈裂抗拉强度/MPa	未冻融劈裂抗拉强度/MPa	冻融劈裂抗拉强度比/%	规范要求/%
测定值	1.40	1.56	89.9	≥80
	1.41	1.52		
	1.47	1.68		
	1.39	1.56		
平均值	1.42	1.58		
结论	该沥青混合料冻融劈裂抗拉强度比符合规范要求			
备注	试验方法 T 0729			

7.1.2 试验段铺筑与性能检测

为验证就地热再生沥青混合料配合比设计合理性,在泉南高速石吉段进行了就地热再生试验段施工,施工桩号为上行行车道 K454+576～K454+672、K454+698～K454+954,施工过程如图7-4所示。试验段施工过程中,采集施工后再生沥青混合料,使用燃烧法进行再生沥青混合料级配与沥青含量测试,结果见表7-10。根据表7-10中测试结果,发现就地热再生沥青混合料的油石比结果为5.02%,与设计油石比4.9%相比,差异为+0.12%,满足设计标准中±0.3%的要求。就地热再生沥青混合料实际施工的级配与设计级配的分布如图7-5所示。由图7-5可知,就地热再生沥青混合料实际施工的矿料级配与设计值存在显著差异,说明原路面矿料级配的显著变化导致配合比设计过程中采用的均值级配难以匹配不同路段的施工需求。此外,不同筛孔的就地热再生沥青混合料实际施工级配与设计级配通过率之差的计算结果见表7-11,不同筛孔通过率差值均满足规范要求。

图7-4 就地热再生试验段施工

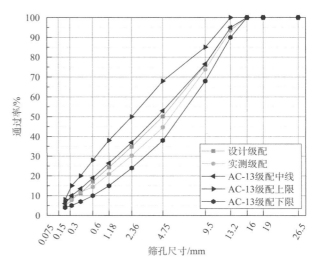

图7-5 再生沥青混合料实测级配分布

试验段再生沥青混合料级配与沥青含量测试结果　　　　表 7-10

筛孔尺寸/mm	第1组通过率/%	第2组通过率/%	平均值/%
16	100.0	100.0	100.0
13.2	93.9	93.3	93.6
9.5	73.6	74.0	73.8
4.75	44.7	44.5	44.6
2.36	30.1	30.5	30.3
1.18	20.5	21.3	20.9
0.6	14.6	14.2	14.4
0.3	11.5	12.1	11.8
0.15	8.0	7.6	7.8
0.075	4.8	4.6	4.7
油石比/%	4.9	5.05	4.98

不同筛孔的就地热再生沥青混合料实际施工级配与设计级配通过率之差计算结果　　表 7-11

级配	通过筛孔(方孔筛/mm)百分率/%										
	19	16	13.2	9.5	4.75	2.36	1.18	0.6	0.3	0.15	0.075
设计级配	100.0	99.9	95.0	76.2	50.1	34.8	24.4	17.1	11.3	9.3	6.7
测试结果	100.0	100.0	93.6	73.8	44.6	30.3	20.9	14.4	11.8	7.8	4.7
差值	0	−0.1	1.4	2.4	5.5	4.5	3.5	2.7	−0.5	1.5	2.0
控制要求	±6%					±5%					±2%

根据规范中的操作要求,进行就地热再生沥青混合料浸水马歇尔试验以及冻融劈裂试验,测试结果分别见表 7-12、表 7-13。试验段采用的再生沥青混合料水稳定性测试结果满足规范要求。

试验段再生沥青混合料浸水马歇尔试验结果　　　　表 7-12

试验项目	马歇尔稳定度/kN	浸水马歇尔稳定度/kN	浸水残留稳定度/%	规范要求/%
测定值	14.4	12.9	89.8	≥85
	14.6	13.6		
	15.6	13.4		
	14.1	12.8		
平均值	14.7	13.2		

试验段再生沥青混合料冻融劈裂试验结果　　　　表 7-13

试验项目	冻融劈裂抗拉强度/MPa	未冻融劈裂抗拉强度/MPa	冻融劈裂抗拉强度比/%	规范要求/%
测定值	1.28	1.43	86.9	≥80
	1.25	1.36		
	1.20	1.46		
	1.24	1.47		
平均值	1.24	1.43		

就地热再生施工过程中,再生沥青混合料摊铺温度分布在 125~135℃,碾压过程中采用 14t 双钢轮压路机进行初压,遍数为 2 遍;采用 30t 胶轮压路机进行复压,遍数为 5 遍;最后,采用 14t 钢轮压路机进行终压,遍数为 2 遍,用于消除沥青表面轮迹。采用上述工艺对再生沥青混合料进行碾压,并测试碾压路段中沥青路面的压实度。采用钻芯取样的方法测试路面压实度,对就地热再生试验段进行随机抽样,测试结果见表 7-14。由表 7-14 可知,就地热再生施工后压实度满足≥94%的规范要求。

路面压实度测试结果 表 7-14

取芯桩号	干重/g	水中重/g	表干重/g	毛体积相对密度	最大理论相对密度	压实度/%
K454+580	679.9	405.7	683.8	2.437	2.580	94.7
K454+746	685.1	410.2	692.2	2.447	2.580	94.8
K454+940	694.0	411.7	698.2	2.432	2.580	94.3

根据《公路工程沥青及沥青混合料试验规程》(JTG E20—2011)中 T 0730 沥青混合料渗水性能试验步骤,测试再生沥青路面渗水系数,结果见表 7-15。根据设计要求,再生沥青路面渗水系数应不高于 300mL/min,实测结果均满足设计要求。

路面渗水系数测试结果 表 7-15

桩号	渗水系数/(mL/min)			
	测点 1	测点 2	测点 3	平均值
K454+580	93	107	110	103
K454+746	94	104	89	96
K454+940	82	83	111	92

根据《公路工程沥青及沥青混合料试验规程》(JTG E20—2011)中 T 0731 沥青混合料表面构造深度试验,评价路面的抗滑性能,构造深度测试结果见表 7-16,构造深度均处于 0.7~1.1mm 之间,满足高速公路对沥青路面构造深度的要求。

路面构造深度测试结果 表 7-16

桩号	构造深度/mm			
	测点 1	测点 2	测点 3	平均值
K454+580	0.69	0.84	0.80	0.78
K454+746	0.80	0.69	0.80	0.76
K454+940	0.76	0.84	0.78	0.79

总体来说,泉南高速石吉段就地热再生技术应用效果均达到了规范要求。就地热再生

施工后的5年,再生沥青路面表面没有出现大规模的病害,仅局部地方需要采用日常养护措施进行及时养护。

7.2 工程案例二

2020年,江西省德兴—南昌高速公路采用就地热再生技术进行沥青路面大中修养护,就地热再生4cm SMA-13。就地热再生机组采用3台加热设备、1台加热铣刨设备、1台加热复拌设备、1台摊铺设备、3台压实设备、1台混合料运输车等进行就地热再生现场施工,如图7-6所示。

图7-6 德昌高速公路就地热再生现场施工

7.2.1 再生沥青混合料配合比设计

(1)原材料测试

就地热再生施工过程中采用的原材料包括0~5mm、5~10mm、10~15mm玄武岩集料,基本性能指标测试结果见表7-17,矿料级配测试结果见表7-18。新沥青采用I-D SBS改性沥青,测试得到新沥青的25℃针入度、软化点、5℃延度分别为5.49mm、78℃、32cm,满足改性沥青的技术控制标准。

新集料基本性能测试结果　　　　　　　表7-17

试验项目	技术要求	10~15mm	5~10mm	0~5mm
表观相对密度	≥2.60	2.926	2.924	2.756
毛体积相对密度	—	2.881	2.857	2.756
吸水率/%	粗集料≤2.0	0.5	0.8	—
	细集料无评定标准	—	—	—

新集料矿料级配测试结果 表7-18

筛孔尺寸/mm	10～15mm	5～10mm	0～5mm
19	100.0	100.0	100.0
16	99.8	100.0	100.0
13.2	74.4	100.0	100.0
9.5	8.0	92.8	100.0
4.75	1.4	8.5	99.0
2.36	1.4	1.5	80.3
1.18	1.4	1.5	62.4
0.6	1.4	1.5	43.1
0.3	1.3	1.5	22.5
0.15	1.3	1.5	14.5
0.075	1.2	1.4	9.7

（2）原路面沥青混合料测试

根据就地热再生施工路段的差异，采用钻芯取样的方法获取原路面沥青混合料，并采用切割的方式获取路面板块用于配合比设计试验。将钻芯后的试样在120℃的环境中加热烘散，直至重量没有变化。采用四分法取样，结合抽提法测试原路面沥青混合料矿料级配与沥青含量，测试结果见表7-19。原路面不同取样位置沥青混合料矿料级配分布如图7-7所示，不同取样位置原路面沥青混合料矿料级配之间差异较大。

原路面沥青混合料矿料级配与沥青含量测试结果 表7-19

筛孔尺寸/mm	筛孔通过率/%						
	K375+100 下行	K337+300 下行	K319+900 下行	K312+900 下行	K286+100 下行	K263+100 下行	平均值
16	100.0	100.0	100.0	100.0	100.0	100.0	100.0
13.2	87.9	92.3	90.3	93.2	95.2	96.7	92.6
9.5	55.9	68.3	61.7	59.0	59.6	72.4	62.8
4.75	37.5	32.9	33.9	32.1	23.1	38.2	33.0
2.36	27.8	25.0	27.9	24.2	16.5	23.8	24.2
1.18	22.9	22.2	24.0	22.0	14.9	20.2	21.0
0.6	19.0	20.1	21.0	20.0	13.8	17.6	18.6
0.3	15.8	17.8	18.8	18.0	12.8	15.3	16.4
0.15	13.5	15.3	16.5	16.5	11.7	13.7	14.5
0.075	10.4	11.8	13.0	11.4	8.9	10.0	10.9
沥青含量/%	5.30	5.52	5.63	5.37	5.74	5.99	5.6

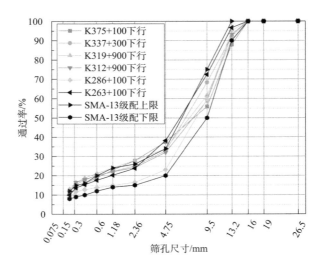

图 7-7 原路面沥青混合料矿料级配测试结果

由于沥青混合料抽提产生的沥青溶液中会存在矿粉残留的情况,影响老化沥青性能测试结果,因此采用高速离心机将老化沥青溶液进行离心处理,去除沥青溶液中的矿粉残留,再采用旋转蒸发法将沥青溶液中老化沥青与溶剂分离,得到老化沥青。不同取样路面老化沥青基本性能指标测试结果见表 7-20。

原路面回收沥青基本性能测试结果　　　　表 7-20

桩号	25℃针入度/mm	5℃延度/cm	软化点/℃
K375+100	37.1	7.2	73
K337+300	32.4	7.4	65
K319+900	34.5	6.8	63
K312+900	42.3	8.4	61
K286+100	35.4	6.5	58
K263+100	40.1	8.1	62

再生剂采用 RA-102 型,确定再生剂用量为原路面沥青混合料质量比 0.1% 时,再生沥青的 25℃针入度指标能够恢复至新沥青的标准。

(3) 再生沥青混合料矿料级配设计

就地热再生沥青混合料配合比设计过程中,设计外加新沥青混合料比例为 18%,结合原路面沥青混合料矿料级配均值结果,设计再生沥青混合料矿料级配如图 7-8 所示。根据图 7-8 中再生沥青混合料设计矿料级配,考虑 SMA-13 常用沥青用量范围,设计再生沥青混合料的油石比分别为 4.7%、5.2%、5.7%,再生剂用量为原路面沥青混合料质量比 0.1%。分别制备不同沥青含量的再生沥青混合料,并按照马歇尔试验要求成型试件,检测再生沥青混合料的体积参数和稳定度、流值指标,试验结果见表 7-21。根据马歇尔试验测试结果,按照 4.0% 空隙率设计再生沥青混合料,确定就地热再生沥青混合料的最佳油石比为 5.2%。

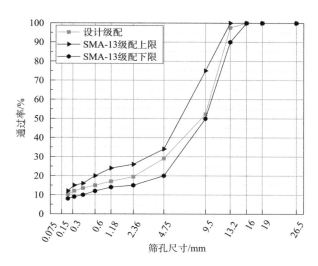

图 7-8 再生沥青混合料设计矿料级配曲线

再生沥青混合料马歇尔试验结果 表 7-21

指标类型	沥青含量/%			规范要求
	4.7	5.2	5.7	
毛体积相对密度	2.534	2.553	2.569	—
最大理论相对密度	2.673	2.659	2.643	—
空隙率/%	5.20	3.99	3.02	3~4
矿料间隙率/%	17.72	17.54	17.46	≥17.0
有效沥青饱和度/%	70.7	77.3	84.0	75~85
稳定度/kN	11.25	11.63	11.36	≥6.0
流值/mm	2.04	2.06	2.11	—

根据就地热再生沥青混合料确定的矿料级配,计算外加新沥青混合料矿料级配,得到矿料级配组成为:10~15mm:5~10mm:0~5mm=56%:22%:22%。通过析漏试验确定外加新沥青混合料最佳油石比,设计油石比为2.5%、3.0%、3.5%的新沥青混合料,测试析漏试验结果分别为0.12%、0.18%、0.26%,规范要求析漏损失不大于0.2%。因此,根据测试结果,选择0.18%析漏损失作为外加新沥青混合料的最佳沥青含量控制结果,得到外加新沥青混合料的最佳油石比为3.0%。

就地热再生现场施工过程中,不同施工路段原路面沥青混合料中油石比含量不同,因此,现场外加新沥青用量应根据现场检测原路面沥青混合料中油石比来计算确定,确保就地热再生施工后再生沥青混合料的总油石比为5.2%。

(4)再生沥青混合料性能验证

分别采用车辙试验、浸水马歇尔试验、冻融劈裂试验验证再生沥青混合料的性能。根据规范中要求的步骤进行再生沥青混合料车辙试验、浸水马歇尔试验、冻融劈裂试验,试验结果见表7-22～表7-24。根据最佳油石比情况下再生沥青混合料性能测试结果,本次配合比设计方案的再生沥青混合料性能测试结果均满足规范要求,说明本次就地热再生沥青混合料配合比设计结果能够用于指导工程实践。

车辙试验结果　　　　　　　　　　　　　　　　　　　表7-22

类型及编号	动稳定度/(次/mm)			
	测试结果	平均值	变异系数/%	规范要求
SMA-13-1	6534	6438	5.7	≥2800
SMA-13-2	5948			
SMA-13-3	6832			
结论	该沥青混合料高温稳定性符合规范要求			
备注	1. 试件尺寸300mm×300mm×50mm; 2. 试验温度60℃,轮胎压力0.7MPa; 3. 试验方法 T 0719			

浸水马歇尔试验结果　　　　　　　　　　　　　　　　表7-23

试验项目	马歇尔稳定度/kN	浸水马歇尔稳定度/kN	浸水残留稳定度/%	规范要求/%
测定值	11.32	10.85	93.9	≥85
	11.85	11.32		
	12.34	11.12		
	11.56	10.93		
平均值	11.77	11.06		
结论	该沥青混合料浸水残留稳定度符合规范要求			
备注	试验方法 T 0709			

冻融劈裂试验结果　　　　　　　　　　　　　　　　　表7-24

试验项目	冻融劈裂抗拉强度/MPa	未冻融劈裂抗拉强度/MPa	冻融劈裂抗拉强度比/%	规范要求/%
测定值	1.26	1.18	88.6	≥80
	1.34	1.11		
	1.23	1.09		
	1.18	1.06		
平均值	1.25	1.11		
结论	该沥青混合料冻融劈裂抗拉强度比符合规范要求			
备注	试验方法 T 0729			

7.2.2　试验段铺筑与性能检测

试验段位于德昌高速公路 BK373+000～BK375+800 段,采用森远就地热再生机组对路面进行就地热再生施工。

第 7 章 工程实践

（1）就地热再生施工阶段的施工温度监控

就地热再生施工阶段的温度变化显著影响再生沥青混合料的出料温度。根据就地热再生施工流程，对施工过程中温度监控位置按照表 7-25 进行编号，并采用红外测温仪测试不同阶段的温度，测试过程如图 7-9 所示，测试结果如图 7-10 所示。

测温节点及编号　　　　　　　　　　　表 7-25

测温节点	编号
原路面自然环境下温度	1#
加热机之间间隔路面的温度（第一台加热机两个加热模块之间）	2#
加热机之间间隔路面的温度（第一、第二台加热机之间）	3#
加热机之间间隔路面的温度（第二、第三台加热机之间）	4#
加热结束时旧料温度	5#
铣刨机内旧料温度	6#
铣刨起垄后温度	7#
摊铺温度	8#
初压温度	9#
复压温度	10#

a) 原路面加热阶段温度测试　　　　　　b) 铣刨起垄后温度测试

图 7-9　就地热再生施工现场温度测试

由图 7-10 可见，试验段就地热再生施工过程中，从地面温度开始至复压结束，就地热再生在不同阶段的温度离散性具有巨大差异。具体来看，原路面在加热过程中温度的离散程度高于路面铣刨和摊铺碾压时温度的离散程度。这表明，原路面在加热过程中，尤其是在第一、第二、第三台加热机之间的路表温度差异巨大，且加热完成后这一差异并没有有效减小。根据不同施工阶段就地热再生温度控制要求，试验段就地热再生施工过程中，施工环境温度≥10℃、旧路面加热软化结束温度≤200℃，摊铺温度测点合格率为 80%，初压温度合格率为 66%。由此可见，就地热再生施工过程中应采用相应的措施来降低温度的离散性，保障再生沥青混合料出料阶段的温度稳定性。

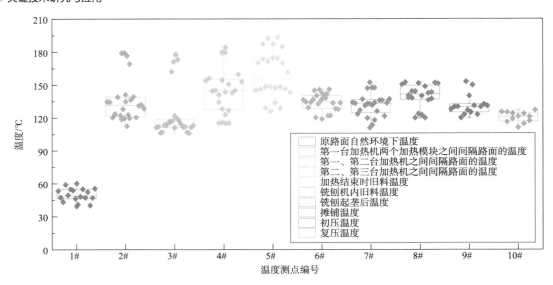

图 7-10 不同测温节点温度测试结果

(2) 再生沥青混合料检测

采用燃烧法测试现场施工过程中就地热再生沥青混合料的矿料级配与沥青含量,测试结果见表 7-26。再生沥青混合料矿料级配测试结果与设计矿料级配分布如图 7-11 所示,两种级配之间的筛孔通过率差异见表 7-27。由图 7-11 可见,就地热再生施工过程中再生沥青混合料的实际级配与设计矿料级配之间差异显著,实测级配存在部分筛孔超过 SMA-13 级配范围的情况。根据表 7-27 中的计算结果,1.18mm、2.36mm、4.75mm、13.2mm 再生沥青混合料筛孔通过率偏差范围已经超过了设计要求上限。分析就地热再生沥青混合料实际施工级配与设计级配之间的显著差异,主要是由于原路面材料组成的影响,导致实际施工级配较设计级配偏差较大。

试验段再生沥青混合料级配与沥青含量测试结果　　表 7-26

筛孔尺寸/mm	第 1 组通过率/%	第 2 组通过率/%	平均值/%
16	100.0	100.0	100.0
13.2	90.0	91.1	90.5
9.5	59.9	56.4	58.1
4.75	38.1	37.3	37.7
2.36	27.8	28.1	27.9
1.18	22.5	22.6	22.6
0.6	18.7	18.6	18.6
0.3	15.4	15.2	15.3
0.15	14.0	13.7	13.9
0.075	11.9	11.8	11.9
油石比/%	5.2	5.4	5.3

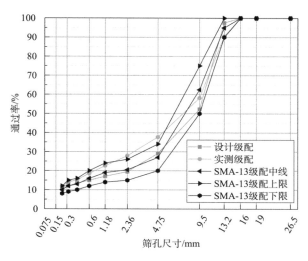

图 7-11 再生沥青混合料实测级配分布

不同筛孔的就地热再生沥青混合料实际施工级配与设计级配通过率之差计算结果　　表 7-27

级配	通过筛孔(方孔筛/mm)百分率/%										
	19	16	13.2	9.5	4.75	2.36	1.18	0.6	0.3	0.15	0.075
设计级配	100.0	100.0	97.6	52.3	29.1	19.5	17.1	15	13.5	12.1	10.2
测试结果	100.0	100.0	90.5	58.1	37.7	27.9	22.6	18.6	15.3	13.9	11.9
差值	0	0	7.1	-5.8	-8.6	-8.4	-5.5	-3.6	-1.8	-1.8	-1.7
控制要求	±6%					±5%					±2%

将现场获取的就地热再生沥青混合料进行马歇尔试验,判断马歇尔指标是否满足设计要求,测试结果见表 7-28。由表 7-28 可知,再生沥青混合料空隙率满足 4.0% 的设计要求,马歇尔稳定度与流值指标也满足要求。此外,由于再生沥青混合料矿料级配已经超过了SMA-13 级配上限,理论上来说已经不属于 SMA-13 级配范畴,不能采用相对应的体积指标来衡量再生沥青混合料是否符合标准。

再生沥青混合料马歇尔试验结果　　表 7-28

序号	毛体积相对密度	最大理论相对密度	空隙率/%	稳定度/kN	流值/mm
1	2.505	2.602	3.73	11.25	2.06
2	2.509	2.602	3.57	9.62	2.04
3	2.494	2.602	4.16	14.54	2.11
4	2.505	2.602	3.72	11.00	2.20
平均值	—	—	3.80	11.60	2.10

(3)再生沥青路面性能检测

再生沥青混合料碾压过程中采用 1 台钢轮压路机初压,2 台胶轮压路机复压,1 台钢轮压路机终压,将静压、振动碾压和揉搓碾压结合并按依次进行的顺序进行碾压工作。碾压遍数、行走速率等均根据设计要求执行。根据就地热再生机组施工过程中温度测试结果,再生沥青混合料碾压过程中,初压温度为122.0~147.7℃,复压温度为115.9~124.5℃。就地热再生碾压施工过程中温度离散性较高。采用钻芯取样的方法测试沥青路面压实度,测试结果见表7-29,压实后的沥青路面取样位置压实度均高于93%的设计要求。

路面压实度测试结果 表7-29

取芯桩号	干重/g	水中重/g	表干重/g	毛体积相对密度	最大理论相对密度	压实度/%
K375+602	959.2	566.1	960.5	2.432	2.580	94.3
K375+600	818.1	485.2	819.2	2.449	2.580	94.9
K375+450	914.1	537.1	915.0	2.419	2.580	93.8
K375+088	667.3	394.5	669.8	2.424	2.580	93.9
K375+090	887.0	521.3	888.6	2.415	2.580	93.6

根据《公路工程沥青及沥青混合料试验规程》(JTG E20—2011)中T 0730沥青混合料渗水性能试验步骤,测试再生沥青路面渗水系数,结果见表7-30。根据设计要求,再生沥青路面渗水系数应不高于120mL/min,实测结果均满足设计要求。

路面渗水系数测试结果 表7-30

桩号	渗水系数/(mL/min)			
	测点1	测点2	测点3	平均值
K375+602	88	88	88	88
K375+085	102	116	112	110
K375+060	73	77	63	71

根据《公路工程沥青及沥青混合料试验规程》(JTG E20—2011)中T 0731沥青混合料表面构造深度试验,评价路面的抗滑性能。构造深度测试结果见表7-31。由表7-31可知,K375+444处轮迹带及轮迹带外侧位置的构造深度过大,超出规范要求的1.1mm;其他测点的测试结果满足规范要求。整体来看,施工路段在轮迹带附近的构造深度较大,而路中位置较为致密、光滑,可显著观察到沥青混合料离析的现象。就地热再生施工过程中应控制再生沥青混合料的均匀性,保障沥青路面抗滑性能的分布均匀性。

路面构造深度测试结果 表7-31

桩号	构造深度/mm			
	测点1	测点2	测点3	平均值
K375+444	1.2	1.5	1.5	1.4
K375+455	0.8	0.7	0.8	0.8
K375+459	0.8	0.9	1.0	0.9

根据2023年对就地热再生施工路段的现场观测,德昌高速应用就地热再生技术进行养

护的路段均保持良好的行车条件,再生沥青路面没有出现大规模的破损情况,就地热再生技术取得了较好的应用效果。

7.3 工程案例三

在观察到 2020 年就地热再生技术应用效果后,2023 年德兴—南昌高速公路对其他路段采用就地热再生技术进行预防性养护,以改善路面行车状况,延长道路使用寿命。通过总结就地热再生施工过程中面临的材料组成波动问题,2023 年就地热再生沥青混合料配合比设计过程中充分考虑了不同施工路段之间的材料组成差异,分别进行了再生沥青混合料配合比设计。采用森远就地热再生机组即 4 台加热设备、1 台加热铣刨设备、1 台加热复拌设备、摊铺设备、压实设备、混合料运输车等进行就地热再生现场施工,如图 7-12 所示。

图 7-12　就地热再生现场施工流程

7.3.1　旧路面调查

通过查阅德昌高速路面施工标段划分结果,得到就地热再生施工段所对应的路面标段结果见表 7-32。由表 7-32 可知,就地热再生施工路段涉及四个标段,考虑到不同标段施工单位施工过程中材料组成可能存在差异,需要针对不同标段分别调研。

原路面桩号、标段以及施工顺序　　　　　　　表 7-32

桩号	车道	方向	标段	施工顺序
K306+500 ~ K324+000	行车道	上行	CP1	1
K324+000 ~ K346+061	行车道	上行	CP2	2
K202+260 ~ K221+000	行车道	下行	AP1	4
K221+000 ~ K238+000	行车道	下行	AP2	5
K337+600 ~ K348+724	行车道	下行	CP2	3

根据就地热再生所在施工标段的差异,分别对四个标段采用热铣刨、钻芯取样的方法进

行原路面沥青混合料取样,采用离心分离法测试四个标段中原路面沥青混合料级配与沥青含量。不同标段取样方法与取样位置见表7-33,部分路段取芯现场记录如图7-13所示。

取样方法与取样桩号结果　　　　　　　　　　表7-33

桩号	车道	方向	标段	取样方法
K308+200	行车道	上行	CP1	热铣刨
K332+240	行车道	上行	CP2	钻芯取样
K208+050	行车道	下行	AP1	钻芯取样
K228+900	行车道	下行	AP2	钻芯取样

图7-13　路面现场取样

采用三氯乙烯溶剂将原路面沥青混合料表面沥青溶解,结合高速离心分离法(抽提法)将集料与沥青分离,分离后的集料形貌如图7-14所示。不同取样路段的沥青含量测试结果见表7-34,矿料级配测试结果如图7-15所示。

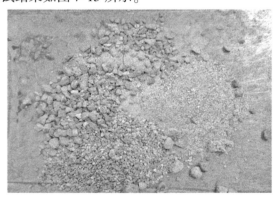

图7-14　K308+200位置集料测试结果

四个取样路段沥青含量测试结果　　　　　　　　　　表7-34

桩号	车道	方向	标段	取样方法	沥青含量/%	油石比/%
K308+200	行车道	上行	CP1	热铣刨	5.72	6.07
K332+240	行车道	上行	CP2	钻芯取样	4.93	5.19
K208+050	行车道	下行	AP1	钻芯取样	5.37	5.68
K228+900	行车道	下行	AP2	钻芯取样	5.40	5.71

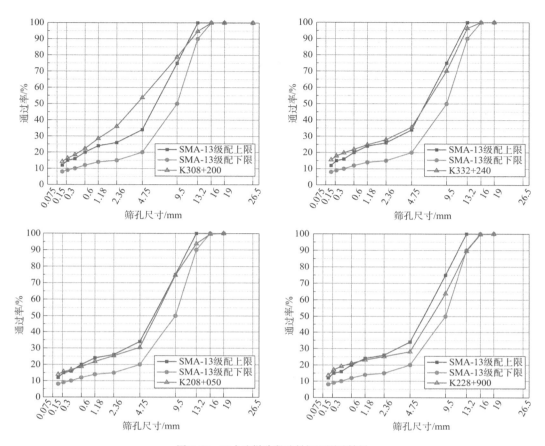

图 7-15 四个取样路段矿料级配测试结果

由表 7-34 可知,不同标段原路面沥青含量存在差异,沥青含量的最大值与最小值差异可以达到 0.79%。此外,由图 7-15 可知,不同标段原路面沥青混合料矿料级配分布有显著差异,上行 K308+200 位置原路面沥青混合料级配分布基本位于 SMA-13 级配上限之外,且差异较大。4.75mm 筛孔通过率超过 SMA-13 级配上限达到 20%。上行 K332+240 位置原路面沥青混合料级配分布超过 SMA-13 级配上限,与 SMA-13 级配上限贴近。0.075mm 筛孔通过率差异最大,与 SMA-13 级配上限相比,差值最大可达约 3%。下行 K228+900 位置原路面沥青混合料级配分布位于 SMA-13 级配范围内,仅存在 0.075~0.6mm 筛孔通过率超过 SMA-13 级配上限,差值最大可以达到 3%。下行 K208+050 位置原路面沥青混合料级配分布位于 SMA-13 级配范围内,贴近 SMA-13 级配上限,仅存在 0.075~0.15mm 筛孔通过率超过 SMA-13 级配上限,差值最大约 2%。

采用旋转蒸发的方法将老化沥青溶液中的老化沥青与溶剂分离,得到老化沥青。按照《公路工程沥青及沥青混合料试验规程》(JTG E20—2011)中要求测试老化沥青 25℃ 针入度、15℃ 延度、软化点指标,结果见表 7-35。由表 7-35 可见,原路面沥青混合料中老化沥青 25℃ 针入度指标测试结果平均值为 33.6(0.1mm)。根据《公路沥青路面再生技术规范》

（JTG/T 5521—2019）可知,适用于就地热再生施工的原路面沥青混合料老化沥青针入度指标要求为不低于20(0.1mm),因此,当前阶段老化沥青针入度指标在规范要求范围内,可采用就地热再生技术进行现场施工。

老化沥青物理性能指标　　　　　　　　　　　　　　　表 7-35

指标	测试结果	平均值
25℃针入度/0.1mm	34	33.6
	37.7	
	27.5	
	38.4	
	30.6	
15℃延度/cm	13.6	13.5
	13	
	13.8	
软化点/℃	69.3	69.9
	70.5	

7.3.2　再生剂用量确定

通过现场取样施工过程中添加的再生剂,按照老化沥青质量比3%、6%添加再生剂于老化沥青中,并将其在150℃条件下采用高速搅拌机搅拌15min,搅拌速度为1000r/min。再生剂与老化沥青充分融合后可得到再生沥青,并按照《公路工程沥青及沥青混合料试验规程》（JTG E20—2011）中要求制作再生沥青试样,测试再生沥青25℃针入度、15℃延度、软化点,结果见表7-36~表7-38。

再生沥青25℃针入度指标　　　　　　　　　　　　　　　表 7-36

沥青类型	测试结果/0.1mm	平均值/0.1mm
3%再生剂用量	43.6	47.5
	53.4	
	46.8	
	44.3	
	49.4	
6%再生剂用量	76.5	71.2
	68.1	
	75.1	
	69.7	
	66.6	

再生沥青15℃延度指标　　　　　　　　　　　　　　　　　　　表7-37

指标	测试结果/cm	平均值/cm
3%再生剂用量	25.3	25.5
	24.6	
	26.7	
6%再生剂用量	35.6	35.7
	34.8	
	36.7	

再生沥青软化点指标　　　　　　　　　　　　　　　　　　　　表7-38

指标	测试结果/℃	平均值/℃
3%再生剂用量	64.3	64.9
	65.5	
6%再生剂用量	58.7	59.1
	59.4	

就地热再生施工路段采用SBS改性沥青,根据江西省气候特点,常采用《公路沥青路面施工技术规范》(JTG F40—2004)中关于I-D SBS改性沥青要求控制,其25℃针入度指标应控制在40～60(0.1mm)之间。以此为标准,3%再生剂用量下再生沥青25℃针入度指标分布在该范围内。因此,建议就地热再生施工过程中再生剂用量为3.0%。

7.3.3　再生沥青混合料配合比设计

通过调研就地热再生施工路段车辙深度的分布,采用4.6节中外加新沥青混合料比例计算模型,得到不同施工路段外加新沥青混合料的添加比例约为10%。

就地热再生沥青混合料采用的集料、沥青、矿粉和原路面沥青混合料均为现场采样,依据试验要求,对原材料进行密度、级配和性能试验。集料物理性能试验结果见表7-39,SBS改性沥青的三大指标试验结果见表7-40,原路面沥青混合料(RAP)的沥青含量及矿料密度试验结果见表7-41,集料级配见表7-42。

集料物理性能试验结果　　　　　　　　　　　　　　　　　　表7-39

试验项目		试验值	技术标准
压碎值/%		11.2	≤26
粗集料与沥青黏附性		5级	≥4级
针片状	2#(5～10mm)	8.1%	≤18%
	3#(10～15mm)	6.5%	≤12%
表观相对密度	1#(0～5mm)	2.709	≥2.5
	2#(5～10mm)	2.884	≥2.6
	3#(10～15mm)	2.981	≥2.6

SBS 改性沥青三大指标试验结果　　　　　　　　　　　　　　　　表 7-40

试验项目	试验值	技术标准
25℃针入度/0.1mm	60.8	50~70
软化点/℃	78.3	≥76
5℃延度/cm	37.9	≥25

原路面沥青混合料沥青含量及矿料密度　　　　　　　　　　　　　表 7-41

试验项目		试验值
沥青含量/%		5.37
25℃针入度/0.1mm		33.6
表观相对密度	粒径大于2.36mm	2.924
	粒径小于2.36mm	2.891

新料级配测试结果　　　　　　　　　　　　　　　　　　　　　　表 7-42

规格/mm		通过筛孔（方孔筛/mm）百分率/%									
		19	16	13.2	9.5	4.75	2.36	1.18	0.6	0.3	0.15	0.075
1#料	0~5mm	100.0	100.0	100.0	100.0	99.9	69.5	52.1	37.8	28.7	23.9	20.9
2#料	5~10mm	100.0	100.0	100.0	99.9	26.9	1.3	0.5	0.3	0.2	0.2	0.2
3#料	10~15mm	100.0	98.4	70.3	10.0	3.2	0.6	0.5	0.5	0.5	0.4	0.3

根据外加新沥青混合料比例计算结果，考虑不同取样路段原路面沥青混合料矿料级配的差异，设计一种就地热再生沥青混合料矿料级配已经不能满足不同施工段落的要求。经过计算，发现不同施工路段原路面级配无法通过 10% 外加新沥青混合料矿料级配调整成相同的矿料级配。为此，根据施工标段的差异设计三种再生沥青混合料的矿料级配。

（1）AP1 段就地热再生沥青混合料配合比设计

根据 AP1 段中旧料筛分试验结果，进行目标配合比的矿料级配组合设计，按照 SMA-13 级配控制范围，外加新沥青混合料比例按照 10% 设计，得到矿料级配组成为原路面沥青混合料：1#料（0~5mm）：2#料（5~10mm）：3#料（10~15mm）=90：1：4：5。矿料合成级配计算结果见表 7-43，其级配曲线如图 7-16 所示（图 7-16 中部分筛孔通过率高于 SMA-13 级配上限，主要是受到原路面级配的影响，10% 外加新沥青混合料比例情况下，外加新沥青混合料级配难以有效调整）。

目标配合比矿料级配组合设计　　　　　　　　　　　　　　　　表 7-43

级配	通过筛孔（方孔筛/mm）百分率/%										
	26.5	19	16	13.2	9.5	4.75	2.36	1.18	0.6	0.3	0.15	0.075
目标级配	100.0	100.0	99.6	92.9	72.7	29.6	23.6	20.2	17.3	15.5	14.3	12.8
级配上限	100	100	100	100	75	34	26	24	20	16	15	12
级配下限	100	100	100	90	50	20	15	14	12	10	9	8

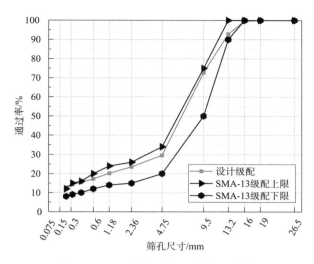

图 7-16 AP1 段目标配合比矿料级配曲线

拌和工艺为：拌和锅温度设定为 150℃，将 RAP 置于 130℃烘箱中加热 2h，在预热的拌和锅内加入 RAP 与再生剂搅拌 60s，之后添加新集料混拌 60s，最后加入新沥青混拌 60s。现场测试得到摊铺温度约为 130℃，为使试验结果与现场施工对应，设计试件的成型温度为 130℃。

根据《公路沥青路面施工技术规范》（JTG F40—2004）中目标配合比设计过程的要求，以 5.1%、5.6% 和 6.1% 共三组沥青含量（含再生剂）进行再生沥青混合料马歇尔试验，测试不同沥青含量下再生沥青混合料的毛体积相对密度、空隙率、矿料间隙率、有效沥青饱和度、稳定度、流值，绘制六种指标与沥青含量变化的关系曲线。通过曲线分别确定对应于最大密度、最大稳定度和目标空隙率的三个沥青含量，分别为 a_1、a_2、a_3，求出三者平均值作为最佳沥青含量 OAC_1。以各项指标满足要求的沥青含量范围中值（OAC_{min}、OAC_{max} 的中值）为 OAC_2。取 OAC_1、OAC_2 的均值作为最佳沥青含量 OAC。再生沥青混合料马歇尔试验结果见表 7-44。

再生沥青混合料马歇尔试验结果　　　　表 7-44

指标类型	沥青含量/%			规范要求
	5.1	5.6	6.1	
毛体积相对密度	2.535	2.524	2.543	—
最大理论相对密度	2.662	2.640	2.618	—
空隙率/%	4.77	4.18	2.81	3~4
矿料间隙率/%	16.83	17.45	17.40	≥17.0
有效沥青饱和度/%	71.70	76.09	83.88	75~85
稳定度/kN	11.87	12.49	11.08	≥6.0
流值/mm	3.06	3.89	2.93	—

注：受到原路面级配的影响，原路面级配中 4.75mm 及以下筛孔的通过率高于 SMA-13 级配上限，导致 10% 外加新沥青混合料掺量下难以有效改善原路面级配至 SMA-13 要求的范围内，出现 0.075mm 筛孔超过 SMA-13 级配上限情况。

根据再生沥青混合料马歇尔试验结果,确定就地热再生SMA-13级配的最佳沥青含量(含再生剂)为5.7%,外加新沥青混合料的比例为10%,再生剂用量为老化沥青质量比3%(旧料质量比1.5‰)。最佳沥青含量下再生沥青混合料马歇尔试验结果见表7-45,试验结果满足设计要求,能够进行再生沥青混合料配合比设计性能检验。

最佳沥青含量下再生沥青混合料马歇尔试验结果 表7-45

测试指标	试验结果	测试指标	试验结果
毛体积相对密度	2.538	有效沥青饱和度/%	78.7
最大理论相对密度	2.635	稳定度/kN	9.31
空隙率/%	3.68	流值/mm	3.30
矿料间隙率/%	17.24		

为检验再生沥青混合料最佳沥青含量下配合比设计性能,考虑江西省高温多雨的气候特点,分别采用车辙试验、浸水马歇尔试验、冻融劈裂试验测试再生沥青混合料性能,结果见表7-46~表7-48。由表7-46可知,动稳定度测试结果均值为6665次/mm,满足规范改性沥青混合料动稳定度≥3000次/mm的设计要求。由表7-47可知,再生沥青混合料浸水马歇尔试验结果满足规范中改性沥青混合料浸水残留稳定度MS0≥80%的设计要求。由表7-48可知,再生沥青混合料冻融劈裂试验结果满足规范中改性沥青混合料冻融劈裂强度比≥80%的设计要求。由此可见,设计再生沥青混合料配合比的性能满足要求。

车辙试验结果 表7-46

混合料类型	动稳定度/(次/mm)		
SMA-13	6425	6318	7253
平均值	6665		

浸水马歇尔试验结果 表7-47

试验指标	稳定度/kN	
	保温30~40min	浸水48h
1-1	11.35	8.19
1-2	10.79	8.41
1-3	9.18	9.73
1-4	10.23	9.93
均值	10.39	9.07
浸水残留稳定度/%	87.2	

冻融劈裂试验结果 表7-48

试验指标	劈裂抗拉强度/MPa	
	未冻融	冻融后
1-1	0.93	0.84
1-2	0.94	0.90
1-3	0.92	0.95
1-4	1.06	0.83
均值	0.96	0.88
冻融劈裂抗拉强度比/%	91.2	

(2)AP2段就地热再生沥青混合料配合比设计

根据AP2段中旧料筛分试验结果,进行目标配合比的矿料级配组合设计,按照SMA-13级配控制范围,外加新沥青混合料比例按照10%设计,得到矿料级配组成为RAP:1#料(0~5mm):2#料(5~10mm):3#料(10~15mm)=90:1:6:3。矿料合成级配计算结果见表7-49,

其级配曲线如图 7-17 所示(图 7-17 中部分筛孔通过率高于 SMA-13 级配上限,主要是受到原路面级配的影响,10% 外加新沥青混合料比例情况下,外加新沥青混合料级配难以有效调整)。

目标配合比矿料级配组合设计　　　　　表 7-49

级配	通过筛孔(方孔筛/mm)百分率/%										
	26.5	19	16	13.2	9.5	4.75	2.36	1.18	0.6	0.3	0.15	0.075
目标级配	100.0	100.0	99.7	89.7	64.7	27.8	23.2	21.2	19.2	17.4	15.4	12.5
级配上限	100	100	100	100	75	34	26	24	20	16	15	12
级配下限	100	100	100	90	50	20	15	14	12	10	9	8

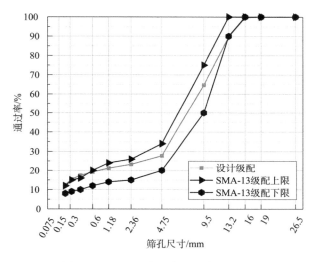

图 7-17　AP2 段目标配合比矿料级配曲线

采用与 AP1 段中相同的再生沥青混合料拌和工艺,根据《公路沥青路面施工技术规范》(JTG F40—2004)中目标配合比设计过程的要求,以 5.1%、5.6% 和 6.1% 共三组沥青含量(含再生剂)进行再生沥青混合料马歇尔试验,测试不同沥青含量下再生沥青混合料的毛体积相对密度、空隙率、矿料间隙率、有效沥青饱和度、稳定度、流值,绘制六种指标与沥青含量变化的关系曲线。通过曲线分别确定对应于最大密度、最大稳定度和目标空隙率的三个沥青含量,分别为 a_1、a_2、a_3,求出三者平均值作为最佳沥青含量 OAC_1。以各项指标满足要求的沥青含量范围中值(OAC_{min}、OAC_{max} 的中值)为 OAC_2。取 OAC_1、OAC_2 的均值作为最佳沥青含量 OAC。再生沥青混合料马歇尔试验结果见表 7-50。

再生沥青混合料马歇尔试验结果　　　　　表 7-50

指标类型	沥青含量/%			规范要求
	5.1	5.6	6.1	
毛体积相对密度	2.490	2.508	2.514	—

续上表

指标类型	沥青含量/%			规范要求
	5.1	5.6	6.1	
最大理论相对密度	2.642	2.620	2.598	—
空隙率/%	5.72	4.27	3.25	3~4
矿料间隙率/%	17.57	17.43	17.67	≥17.0
有效沥青饱和度/%	67.47	75.5	81.6	75~85
稳定度/kN	11.53	11.12	9.73	≥6.0
流值/mm	3.45	3.21	2.13	—

注：受到原路面级配的影响，原路面级配中4.75mm及以下筛孔的通过率高于SMA-13级配上限，导致10%外加新沥青混合料掺量下难以有效改善原路面级配至SMA-13要求的范围内，出现0.6mm以下筛孔超过SMA-13级配上限情况。

根据再生沥青混合料马歇尔试验结果，确定就地热再生SMA-13级配的最佳沥青含量（含再生剂）为5.8%，外加新沥青混合料的比例为10%，再生剂用量为老化沥青质量比3%（旧料质量比1.5‰）。最佳沥青含量下再生沥青混合料马歇尔试验结果见表7-51，试验结果满足设计要求，能够进行再生沥青混合料配合比设计性能检验。

最佳沥青含量下再生沥青混合料马歇尔试验结果　　表7-51

测试指标	试验结果	测试指标	试验结果
毛体积相对密度	2.511	有效沥青饱和度/%	78.1
最大理论相对密度	2.611	稳定度/kN	10.76
空隙率/%	3.84	流值/mm	2.15
矿料间隙率/%	17.51		

采用车辙试验、浸水马歇尔试验、冻融劈裂试验测试再生沥青混合料性能，结果见表7-52~表7-54。根据三种试验测试结果，设计再生沥青混合料的动稳定度、浸水残留稳定度、冻融劈裂抗拉强度比均满足设计/规范要求。

车辙试验结果　　表7-52

混合料类型	动稳定度/(次/mm)		
SMA-13	7232	7457	6934
平均值	7208		

浸水马歇尔试验结果　　表7-53

试验指标	稳定度/kN	
	保温30~40min	浸水48h
1-1	10.92	11.33
1-2	10.22	10.14

续上表

试验指标	稳定度/kN	
	保温30~40min	浸水48h
1-3	10.6	9.78
1-4	10.52	9.41
均值	10.57	10.17
浸水残留稳定度/%	96.2	

冻融劈裂试验结果 表7-54

试验指标	劈裂抗拉强度/MPa	
	未冻融	冻融后
1-1	1.29	1.22
1-2	1.25	1.26
1-3	1.38	1.35
1-4	1.35	1.34
均值	1.32	1.29
冻融劈裂抗拉强度比/%	97.7	

(3)CP2段就地热再生沥青混合料配合比设计

根据CP2段中旧料筛分试验结果,进行目标配合比的矿料级配组合设计,按照SMA-13级配控制范围,外加新沥青混合料比例按照10%设计,得到矿料级配组成为RAP:1#料(0~5mm):2#料(5~10mm):3#料(10~15mm)=90:1:4:5。矿料合成级配计算结果见表7-55,其级配曲线如图7-18所示(图7-18中部分筛孔通过率高于SMA-13级配上限,主要是受到原路面级配的影响,10%外加新沥青混合料比例情况下,外加新沥青混合料级配难以有效调整)。

目标配合比矿料级配组合设计 表7-55

级配	通过筛孔(方孔筛/mm)百分率/%											
	26.5	19	16	13.2	9.5	4.75	2.36	1.18	0.6	0.3	0.15	0.075
目标级配	100.0	100.0	99.9	95.3	68.7	34.3	25.9	22.9	20.2	18.1	16.2	14.2
级配上限	100	100	100	100	75	34	26	24	20	16	15	12
级配下限	100	100	100	90	50	20	15	14	12	10	9	8

采用与AP1段中相同的再生沥青混合料拌和工艺,根据《公路沥青路面施工技术规范》(JTG F40—2004)中目标配合比设计过程的要求,以4.6%、5.1%和5.6%共三组沥青含量(含再生剂)进行再生沥青混合料马歇尔试验,测试不同沥青含量下再生沥青混合料的毛体积相对密度、空隙率、矿料间隙率、有效沥青饱和度、稳定度、流值,绘制六种指标与沥青含量变化的关系曲线。通过曲线分别确定对应于最大密度、最大稳定度和目标空隙率的三个沥

青含量,分别为 a_1、a_2、a_3,求出三者平均值作为最佳沥青含量 OAC_1。以各项指标满足要求的沥青含量范围中值(OAC_{min}、OAC_{max} 的中值)为 OAC_2。取 OAC_1、OAC_2 的均值作为最佳沥青含量 OAC。再生沥青混合料马歇尔试验结果见表 7-56。

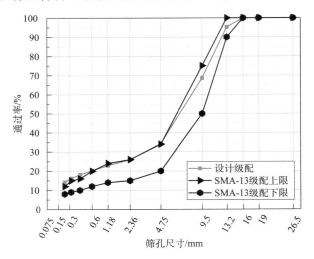

图 7-18　CP2 段目标配合比矿料级配曲线

再生沥青混合料马歇尔试验结果　　　表 7-56

指标类型	沥青含量/%			规范要求
	4.6	5.1	5.6	
毛体积相对密度	2.525	2.541	2.545	—
最大理论相对密度	2.676	2.653	2.631	—
空隙率/%	5.63	3.99	3.12	3~4
矿料间隙率/%	16.47	16.17	16.56	≥17.0
有效沥青饱和度/%	65.84	75.41	81.17	75~85
稳定度/kN	9.92	11.69	10.82	≥6.0
流值/mm	2.11	2.85	2.16	—

注:受到原路面级配的影响,原路面级配中 4.75mm 及以下筛孔的通过率高于 SMA-13 级配上限,导致 10% 外加新沥青混合料掺量下难以有效改善原路面级配至 SMA-13 要求的范围内,出现 0.6mm 以下筛孔超过 SMA-13 级配上限情况,进而导致矿料间隙率偏低。

根据再生沥青混合料马歇尔试验结果,确定就地热再生 SMA-13 级配的最佳沥青含量(含再生剂)为 5.4%,外加新沥青混合料的比例为 10%,再生剂用量为老化沥青质量比 3%(旧料质量比 1.5‰)。最佳沥青含量下再生沥青混合料马歇尔试验结果见表 7-57,试验结果满足设计要求,能够进行再生沥青混合料配合比设计性能检验。

采用车辙试验、浸水马歇尔试验、冻融劈裂试验测试再生沥青混合料性能,结果见表 7-58 ~ 表 7-60。根据三种试验测试结果,设计再生沥青混合料的动稳定度、浸水残留稳定度、冻融劈裂抗拉强度比均满足设计/规范要求。

最佳沥青含量下再生沥青混合料马歇尔试验结果　　　表7-57

测试指标	试验结果	测试指标	试验结果
毛体积相对密度	2.548	有效沥青饱和度/%	78.5
最大理论相对密度	2.642	稳定度/kN	11.25
空隙率/%	3.57	流值/mm	2.74
矿料间隙率/%	16.60		

车辙试验结果　　　表7-58

混合料类型	动稳定度/(次/mm)		
SMA-13	7842	6925	7325
平均值	7364		

浸水马歇尔试验结果　　　表7-59

试验指标	稳定度/kN	
	保温30~40min	浸水48h
1-1	11.62	10.25
1-2	12.31	10.69
1-3	10.98	10.69
1-4	11.65	11.32
均值	11.64	10.74
浸水残留稳定度/%	92.3	

冻融劈裂试验结果　　　表7-60

试验指标	劈裂抗拉强度/MPa	
	未冻融	冻融后
1-1	1.31	1.21
1-2	1.28	1.25
1-3	1.24	1.19
1-4	1.35	1.21
均值	1.29	1.22
冻融劈裂抗拉强度比/%	89.3	

7.3.4　试验路铺筑与性能检测

就地热再生施工试验段为德昌高速上行行车道K321+950~K323+000段，根据第5章中的就地热再生施工工艺流程以及温度控制标准进行试验段施工，施工过程中就地热再生机组的运行速度为2.5~3.5m/min。

（1）再生沥青混合料级配与沥青含量测试

采用燃烧法测试K322+200段原路面沥青混合料以及再生沥青混合料级配与沥青含

量,测试结果如图 7-19 所示。由图 7-19 可见,原路面沥青混合料矿料级配中 4.75mm、2.36mm 筛孔通过率超过 SMA-13 级配上限。再生沥青混合料矿料级配基本分布在 SMA-13 级配上限与下限范围内。

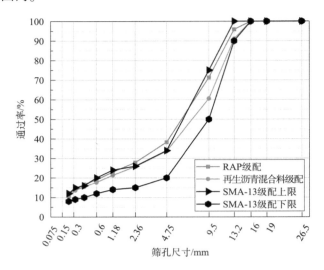

图 7-19　RAP 与再生沥青混合料级配测试结果

通过测试得到原路面沥青混合料与再生沥青混合料沥青含量分别为 5.91%、5.63%,调研该路段可知,其施工位置与就地热再生配合比设计报告中上行行车道 K324+000～K346+061 段接近,以该段配合比设计要求的沥青含量为参考,其设计沥青含量为 5.4%,满足规范要求的 ±0.3% 范围内。

比较再生沥青混合料级配与设计级配之间的差异,结果如图 7-20 所示,不同筛孔通过率差异见表 7-61。

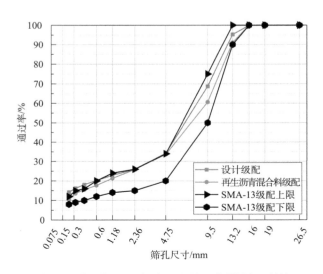

图 7-20　就地热再生现场施工测试级配与设计级配结果

第7章 工程实践

不同筛孔通过率差异　　　　　　　　　　　　　表 7-61

级配	通过筛孔(方孔筛/mm)百分率/%									
	19	16	13.2	9.5	4.75	2.36	1.18	0.6	0.3	0.15	0.075
设计级配	100.0	99.9	95.3	68.7	34.3	25.9	22.9	20.2	18.1	16.2	14.2
测试结果	100.0	100.0	91.1	60.6	33.7	25.8	21.3	17.7	15.5	13.6	10.4
差值	0	−0.1	4.2	8.1	0.6	0.1	1.6	2.5	2.6	2.6	3.8

由表 7-61 可知,再生沥青混合料矿料级配中 0.075mm、9.5mm 筛孔通过率差异不满足要求。由于原路面沥青混合料矿料级配中 0.075mm、9.5mm 筛孔通过率已经显著高于再生沥青混合料设计值的要求,导致施工过程中部分筛孔再生沥青混合料矿料级配通过率与设计值之间偏差高于规范要求。因此,就地热再生施工过程中,建议根据每天工程量的分布桩号,提前进行原路面沥青混合料矿料级配的调研工作,动态调整外加新沥青混合料矿料级配。此外,对于部分路段原路面沥青混合料矿料级配有显著偏差的路段,建议采用冷铣刨的方式进行预处理,保障就地热再生施工过程中再生沥青混合料矿料级配与设计级配一致。

总体来说,就地热再生现场铺装时再生沥青混合料实际施工能够达到的级配虽然与设计值之间存在一定差异,但是基本分布在 SMA-13 矿料级配要求范围内。

（2）再生沥青混合料性能检验

采用车辙试验、浸水马歇尔试验、冻融劈裂试验测试现场就地热再生施工过程中再生沥青混合料的性能,并采用构造深度试验、渗水试验测试铺装后就地热再生沥青路面的使用性能,结果见表 7-62。

再生沥青混合料性能检验结果　　　　　　　　　　　　　表 7-62

序号	性能指标	检测结果	技术要求
1	动稳定度/(次/mm)	6052	≥3000
2	浸水残留稳定度/%	89.4	≥80
3	冻融劈裂抗拉强度比/%	85.3	≥80
4	渗水系数/(mL/min)	60	≤80
5	构造深度/mm	0.69	≥0.55

采用第 6 章中的沥青路面压实质量检测方案,采集上行行车道 K322+460～K322+500 就地热再生施工后断面压实度,绘制断面压实度分布图,如图 7-21 所示。

由图 7-21 可见,就地热再生沥青混合料在压实过程中断面压实度分布并不均匀,表现为中心压实度较两端高的情况。通过统计,得到测试断面压实度的最大值、最小值、平均值、极差、标准差以及变异系数分别为 99.8%、88.2%、94.7%、11.6%、3.08%、3.25%。通过断面压实度平均值可知,就地热再生施工断面压实度均值满足不低于 94% 的设计要求,但是测试断面压实度的差异较大。为此,就地热再生施工过程中应通过调整碾压工艺加强对道路横断面两侧的碾压,提高两侧压实度,改善断面压实度分布的均匀性。

151

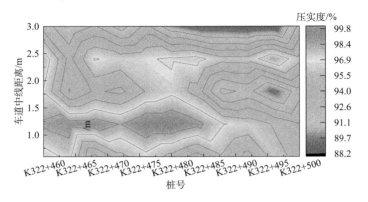

图 7-21　就地热再生施工段部分断面压实度测试结果

综上所述,工程案例三中,根据原路面沥青混合料材料组成的差异,计算发现外加新沥青混合料矿料级配难以调整原路面沥青混合料矿料级配至相同范畴。为此,根据施工标段的差异设计了三种就地热再生沥青混合料配合比,通过室内试验论证了就地热再生沥青混合料配合比的合理性,并结合实际工程铺装试验段,完成了就地热再生沥青混合料性能检验,说明所设计的配合比能够用于指导就地热再生工程实践。

参 考 文 献

[1] 马涛,黄晓明,赵永利.SMA路面就地热再生关键技术[M].北京:科学出版社,2016.

[2] 王体宏,李纯,赵明婕,等.沥青烟气排放测定方法及抑制效果研究[J].市政技术,2021,39(6):158-161.

[3] 姚玉权.基于全寿命周期沥青路面预防性养护行为决策研究[D].南昌:华东交通大学,2019.

[4] 王超,武丽敏.基于"双碳"视角的丝绸之路经济带交通碳减排驱动因素分析[J].干旱区资源与环境,2024,38(2):9-19.

[5] 孙彦明,杨怡乐,李清立."双碳"目标下中国省域交通碳排放强度的时空演变分析[J].宏观经济研究,2023(11):48-61.

[6] 孙彦明,刘士显."双碳"目标下中国交通运输碳排放达峰预测[J].生态经济,2023,39(12):33-40.

[7] 姚玉权,仰建岗,高杰,等.基于性能-费用模型的厂拌再生沥青混合料优化设计[J].吉林大学学报(工学版),2022,52(3):585-595.

[8] 谭竣,张杰.旧沥青路面混合料再生技术推广关键问题和应对分析[J].公路,2021,66(3):246-249.

[9] 单珂,李丹丹,李强,等.公路旧沥青路面材料热再生技术及机理研究[J].功能材料,2019,50(10):10110-10114.

[10] 江臣.高等级沥青路面再生技术及工程应用研究[D].南京:东南大学,1999.

[11] 刘娜娜.基于循环经济的沥青路面再生技术推广政策研究[D].西安:长安大学,2013.

[12] 李新海.沥青路面再生技术在高速公路中的应用[D].北京:北京工业大学,2014.

[13] 王浩宇.全深式沥青路面现场冷再生技术研究[D].西安:长安大学,2014.

[14] 李健.改性沥青路面就地热再生关键技术研究[D].南京:东南大学,2016.

[15] 梁晓鹏.沥青路面就地热再生技术在吐乌大高速公路的应用研究[D].西安:长安大学,2016.

[16] 田维东.沥青路面就地热再生技术研究与工程应用[D].兰州:兰州交通大学,2018.

[17] 赵瑞瑞.公路沥青路面养护温拌再生技术综合效益评价[D].兰州:兰州理工大学,2023.

[18] 张雄.沥青路面厂拌热再生及其设备改进技术研究[D].西安:长安大学,2012.

[19] 张孟强.废旧沥青路面材料再生利用技术研究[D].天津:河北工业大学,2014.

[20] 袁芮.沥青路面高掺量厂拌热再生技术研究[D].南京:东南大学,2015.

[21] 江汉文.大比例废旧沥青路面材料厂拌热再生利用技术研究[D].重庆:重庆交通大学,2023.

[22] 张嘉俊.沥青热再生路面养护车除尘系统设计与分析优化[D].重庆:重庆交通大学,2023.

[23] 廖秋生.路面养护车加热搅拌RAP温度均匀性研究[D].重庆:重庆交通大学,2023.

[24] 李铉国.沥青路面就地热再生工程关键技术研究[D].南京:东南大学,2015.

[25] 李雪毅,邹晓翎,吁新华.热风循环式就地热再生沥青路面温度场[J].中外公路,2018,38(2):69-74.

[26] 董强柱.沥青路面就地热再生加热关键技术研究[D].西安:长安大学,2018.

[27] 姚玉权,仰建岗,高杰,等.就地热再生沥青混合料的材料组成波动及控制策略[J].材料导报,2022,36(16):59-68.